Bernardo de Vargas Machuca

Milicia indiana

Barcelona **2024**
Linkgua-ediciones.com

Créditos

Título original: Milicia indiana.

© 2024, Red ediciones S.L.

e-mail: info@linkgua.com

Diseño de cubierta: Michel Mallard.

ISBN rústica: 978-84-9007-826-6.
ISBN ebook: 978-84-9007-524-1.

Cualquier forma de reproducción, distribución, comunicación pública o transformación de esta obra solo puede ser realizada con la autorización de sus titulares, salvo excepción prevista por la ley. Diríjase a CEDRO (Centro Español de Derechos Reprográficos, www.cedro.org) si necesita fotocopiar, escanear o hacer copias digitales de algún fragmento de esta obra.

Sumario

Créditos _____ 4

Brevísima presentación _____ 19

Prólogo del autor _____ 21

Libro primero en que se tratan las partes de que ha de ser compuesto un buen caudillo _____ 23

    Exhortación _____ 23
    Armas usadas en Indias por españoles _____ 25
    Armas de los indios _____ 25
    Uso de los indios en la guerra _____ 26
    Los indios se pintan para salir a la guerra _____ 26
    Joyas de indios. Los indios usan colas de animales _____ 26
    Huida de los indios _____ 27
    Indios victoriosos _____ 27
    Prevención de indios para entrar en la pelea _____ 27
    Indios ágiles _____ 27
    Modo de avisarse los indios en la guerra _____ 27
    Valor de un indio. Persuasión de un indio _____ 28
    Las Indias fueron intratables antes de nuestros españoles _____ 28
    El indio se vale de sola su invención de armas _____ 29
    Hasta ahora no se ha hecho discurso de la Milicia Indiana. Por faltar conocimiento y práctica al caudillo o gobernador, sobran inconvenientes _____ 29
    En la milicia indiana el príncipe no hace el gasto. En la milicia de Italia el trabajo está repartido _____ 30
    En la milicia indiana el trabajo todo es del caudillo _____ 30
    Riqueza de las Indias _____ 31
    Quien quita el premio a los beneméritos, lo yerra. España se aflige si le falta el tributo de las Indias _____ 31

Las partes que debe tener un caudillo en la milicia indiana y de cuántas debe ser compuesto _____ 33

Para que las monarquías se hayan ensanchado, han sido necesarias las conquistas. Los reyes de España quitaron a los romanos la fortuna. Conviene que el caudillo conserve lo que poblare. La elección del caudillo ha de ser por las buenas partes que tuviere _____ 33

Partes de un caudillo _____ 34

El caudillo que más partes tuviere, mejores efectos sacará. Elección de los griegos y romanos _____ 34

Cómo debe ser buen cristiano nuestro caudillo. El caudillo debe ser buen cristiano. Ninguna cosa acrecienta el ánimo, como es estar bien con Dios. Consejo de Platón _34

Prevención de David _____ 35

Constantino llevaba la cruz por estandarte. Victorias de los Teodosios por la oración. Cuando Josué peleaba, Aarón y Moisés oraban. Antes que el caudillo salga a la guerra, haga sus sacrificios. El caudillo lleve sacerdote _____ 35

Religión de los romanos _____ 35

El caudillo se excuse de jurar _____ 35

Permisión de Sócrates en el juramento _____ 36

El caudillo no ha de estar amancebado _____ 36

Ejemplo de Pompeyo. El remitir a Dios toda cosa tiene buen suceso _____ 36

Cuánto importa ser noble nuestro caudillo _____ 37

La nobleza importa mucho al caudillo _____ 37

Poco estimada es la milicia. La virtud es premio de sí propia _____ 37

Más importa en el caudillo la nobleza que la riqueza. El poco respeto es causa del desbarate _____ 37

Pocas veces se ajusta el premio con el benemérito. Los gobernadores sin consideración eligen _____ 37

Presunción de soldados de Indias _____ 38

El caudillo tome consejo y haga lo que mejor estuviere. El buen pensamiento engendra buen ánimo _____ 38

Sentencia de Platón _____ 39

Jactancia de Mario. De más estima es la nobleza que se ha engendrado que la que se ha recibido de sus pasados _____ 39

Teseo, Rómulo, Alejandro, fueron tenidos por dioses. La nobleza acompañada de virtud, jamás saldrá de su quicio _____ 39

Cuánto importa a nuestro caudillo ser rico _____ 40
La riqueza aprovecha para todas cosas _____ 40
Por la riqueza rindió Hernando Cortés a Pánfilo de Narváez. Por la riqueza se descubren grandes reinos y por ella se conquistan _____ 40
El caudillo gasta su hacienda sustentando la milicia _____ 40
Riquezas de Creso. En faltando el posible para sustentar la milicia, se desbarata ____ 41
Con las dádivas se inclinan los indios a la contratación con los cristianos _____ 41
El caudillo, aunque sea rico, viene a ser siempre pobre. Los gobernadores premian mal a los conquistadores. Prefieren los indignos a los dignos _____ 41
El rey manda premiar _____ 42
El caudillo debe gastar y guardar _____ 42

Cuánto importa a nuestro caudillo ser liberal con sus soldados _____ 43
La riqueza se ha de distribuir conforme a lo que dice Aristóteles. La liberalidad se debe saber usar de ella _____ 43
Opinión de Agesilao _____ 43
Sentencia de Alejandro Magno _____ 43
El que da, al que lo merece, dando, recibe _____ 44
Opinión de Salustio. Por la codicia de los españoles se han alzado los indios. Quien lo quiere todo, lo pierde todo. Los indios han hecho beber oro derretido a algunos españoles _____ 44

Cuánto importa a nuestro caudillo ser de buena edad para sufrir los trabajos ordinarios _____ 45
El caudillo tiene necesidad de buena edad _____ 45
Trabajos y peligros del caudillo _____ 45
Comidas en el hambre _____ 46

Cuánto importa tener fortaleza en el trabajo y calamidades _____ 48
Sin la fortaleza interior, la exterior no es del momento _____ 48
Fortaleza de Colón _____ 48

Fortaleza de Hernando Cortés _____ 48
Fortaleza de Francisco Pizarra _____ 48
Fortaleza de don Gonzalo Ximénez de Quesada. La sobra de ánimo suple la falta
de la fuerza corporal _____ 49
El ánimo excluye cobardía _____ 49
Al que le falta ánimo el trabajo le rinde _____ 49
Valor de Cayo Mario _____ 50
Esfuerzo de Alejandro _____ 50

Cuán importante será la diligencia a nuestro caudillo _____ 51

La diligencia es madre de la buena ventura _____ 51
Dicho de Alejandro _____ 51
La diligencia es necesaria en la milicia indiana más que en otra _____ 51
Los indios son como aves nocturnas. Diligencia de los indios en tiempo de guerra ___ 51
Riesgo que corre el que se descuidare. La diligencia del indio es grande _____ 52
Diligencia de Marco Catón _____ 52
Consideración de Homero _____ 52
Los indios son repentinos _____ 53
Cuánto le importa a nuestro caudillo ser prudente _____ 53
Sentencia de Boecio _____ 53
La prudencia es llave de las demás partes _____ 53
Quien repara el mal pequeño, no lo ve grande. Asegurar lo adquirido _____ 54
No se muestre parcial el caudillo _____ 54
Nadie se fíe de amigo reconciliado _____ 54
No se asegure la paz para dejar las armas _____ 54
Prudencia es conocer el tiempo _____ 54
Quien sabe hacer gente, con pocos habrá hecho muchos _____ 55
Quien con prudencia funda, asegura su hecho _____ 55
Inquietar al enemigo y disciplinar al amigo. Quien sabe gozar del triunfo obliga al
enemigo. Preferido es el prudente al robusto _____ 55
La experiencia es suficiente a hacer arte _____ 55

De cuánta consideración será a nuestro caudillo ser afable _____ 56

Siendo afable un caudillo, se conserva. En los señores se halla la afabilidad. En gente baja se halla la malacrianza ____56

El padre debe mostrar al hijo ser bien criado ____56

Plinio dice que para tener buenos sucesos, es necesario ser afable el hombre ____57

Lo que falta en la paga al soldado, es bien le sobre en el tratamiento ____57

Ejemplo de Marco Catón. Por falta de afabilidad han sucedido alzamientos y otros daños ____57

Enemigos descompusieron los Colones. La afabilidad resplandeció mucho en Hernando Cortés ____58

Alejandro Magno fue muy afable con sus soldados ____58

Amor que tenían los soldados al marqués de Pescara ____58

Cuánto importa ser determinado nuestro caudillo ____60

Dicho de Julio César ____60

Con prudencia y buen orden se alcanza la victoria ____60

Acometimiento de Alejandro Magno ____60

La determinación acobarda al indio ____60

A los indios falta prudencia y ánimo ____60

Victoria de Francisco Pizarra ____61

Victoria de Hernando Cortés ____61

Victoria de don Gonzalo Ximénez ____61

Las restantes partes que se le añade a nuestro caudillo, por ser convenientes a la milicia de que se trata, diremos brevemente ____62

La dicha es muy importante ____62

No por ser un caudillo desgraciado desmerece haciendo el deber ____62

Opinión de César ____62

Los romanos hacían templos a la Fortuna ____63

Fortuna de Pompeyo ____63

Fortuna de Julio César ____63

La buena dicha viene del cielo ____63

Dicha de Hernando Cortés ____63

Fortuna de don Gonzalo Ximénez ____63

Cuando se eligiere el caudillo, se debe considerar la dicha que tiene ____64

El secreto nunca dañó. Opinión de San Agustín _____ 64
La estimación en que los romanos ponían el secreto _____ 64
Tiberio se preciaba mucho del secreto. Rebelión de Nápoles _____ 65
Será cauteloso nuestro caudillo _____ 65
Será ingenioso el caudillo _____ 65
Será honesto el caudillo _____ 66

Libro segundo en que se advierte el modo de hacer soldados y prevenir sacerdotes, medicinas, armas, municiones, herramientas y matalotaje _____ 67

Prevenciones para hacer soldados _____ 67
Oficiales para la conquista _____ 67
Necesaria es la gente baquiana. Soldados chapetones corren riesgo _____ 68
No se debe admitir bubosos en esta milicia _____ 68
Edad del soldado _____ 68
Hombres gordos no son de provecho _____ 68
No se debe recibir soldado inquieto _____ 68
Alejandro Magno sujetó a Oriente con gente muy poca _____ 69
Aníbal despedía los soldados inútiles _____ 69
Juan de Médicis escogía los soldados de ordinario _____ 69
Mujeres no se deben llevar en las jornadas _____ 69

Prevención de sacerdotes _____ 70

Los sacerdotes han de ser reverenciados _____ 70
Milagro _____ 71
El respeto que tenía el marqués del Valle a los sacerdotes. Ejemplo muy digno de imitar _____ 71
Cuidado del caudillo con su gente y campo en el servicio de Dios _____ 72
Cuidado que el caudillo tendrá en atraer los indios a nuestra fe _____ 72
Prevención de medicinas y aplicación de ellas _____ 73
Bizarría de un soldado _____ 74
Prevención de armas _____ 80

Prevención de municiones _____ 84

Municiones _____ 84

Salitre _____ 85
Pólvora _____ 86
Prevención de herramientas _____ 87
Prevención de bastimentas _____ 87
Ayuda de los perros _____ 88
Suerte de un perro _____ 89

Libro tercero en que se trata la obligación del soldado, el sacar la gente de tierra de paz, el marchar por tierra de guerra, atravesar rios, alojarse con fuerza, dar trasnochadas, emboscadas, guazavaras y recibirlas _____ 91

Obligación del soldado _____ 91
Ejemplo de Manlio Torcato _____ 91
El que no guarda la orden de su caudillo pierde reputación. El soldado guarde la orden que se le diere _____ 91
El soldado que guarda el secreto será estimado. El soldado no debe huir el trabajo.
El soldado debe ejercitarse en las armas _____ 92
No se duerma el soldado en la centinela _____ 92
Ejemplo de Epirates. No debe ser el soldado chismoso. El soldado debe huir del motín. El soldado ha de ser defensor de la honra de su caudillo y camarada ___ 92
El soldado está obligado a no consentir motín _____ 93
El soldado sea leal a su rey _____ 93
Caso sucedido entre dos camaradas _____ 94
Mal parece al soldado jurar _____ 94
Parece bien ser el soldado honesto _____ 94
El soldado no tenga por uso el juego _____ 95
Es mal hecho sonsacar el servicio ajeno _____ 95
El soldado debe ser curioso en las armas _____ 95
El soldado no dé alarma incierta _____ 95
El soldado en la ocasión, muestre brío y coraje _____ 96
El soldado sea partido con su caudillo _____ 96
Entre los soldados debe haber mucha paz. El soldado no burle de manos _____ 96

El modo que ha de tener nuestro caudillo en sacar su gente de tierra de paz sin que haga daño a los naturales _____ 97

Marchar sin hacer daño en tierra de paz _____ 97

Remedio para no hacer daño al marchar. En cuadrillas se debe marchar por la tierra
　　de paz para excusar daño _____ 97
　　El caudillo desagravie a los agraviados _____ 98
　　A río revuelto ganancia de pescadores _____ 98
　　Hombre apercibido medio combatido _____ 99
　　Aviso _____ 99

Recato con que nuestro caudillo marchará por tierra de guerra, llevando su gente siempre en orden _____ **100**
　　El caudillo debe entrar en la tierra en la vanguardia y salir en la retaguardia. Tocará
　　a marchar _____ 100
　　El ganado camine siempre detrás _____ 101
　　Modo de llevar el bagaje sin caballos _____ 101
　　Los soldados marchen con sus armas _____ 101
　　Cuerdas encendidas _____ 102
　　El silencio al marchar importa mucho _____ 102
　　No se dispare arcabuz hasta ser sentido _____ 102
　　Siempre marche haciendo altos para que no se quiebre la orden. Es bueno
　　refrescar la gente _____ 103
　　Las cargas grandes son muy dañosas _____ 103
　　Aviso al marchar _____ 103
　　Los caminos se deben reconocer _____ 104
　　Caminos de indios _____ 104
　　Pasos peligrosos _____ 105
　　Los pasos peligrosos se deben reconocer _____ 106
　　Buena prevención _____ 106
　　Abrir caminos _____ 108

Modos de atravesar ríos caudalosos y medianos _____ **109**
　　Asegurar los pasos de los ríos _____ 109
　　Canoas _____ 111
　　Balsas _____ 111
　　Modo extraordinario para hacer balsas _____ 111
　　Modo de puente _____ 112

Otro modo de puentes _____ 112
Modos de pasar ríos _____ 113
Aviso _____ 115

Modos de alojarse un campo con fuerza _____ **116**
    Ejemplo de los griegos. Romanos y griegos siempre se ampararon, como gente de tanto gobierno, de fortaleza o ciudadelas. Los romanos con fortalezas mantuvieron su Imperio y patria_____ 116
    El turco. Persianas _____ 116
    En tierra rasa es buen alojamiento _____ 117
    Modos de sitiar el Real _____ 117
    Al caballo de noche no se le echen cascabeles _____ 118
    El palenque asegura el campo _____ 118
    Forma de palenques _____ 118
    El mejor fuerte para indios es de tapia _____ 119
    Reparos para una noche de necesidad _____ 119
    Ardides para alojarse poca gente_____ 120
    Avisos al caudillo _____ 120
    Débese trabajar porque el enemigo no se glorie de llevar despojo. Ejemplo de Julio César _____ 123
    El caudillo debe acudir en persona a todo lo importante. Al soldado se le ha de castigar con la espada _____ 123
    El caudillo no ha de escribir contra soldados, salvo para quitarle la vida por traición o motín. Si el caudillo admite chismes se descompondrá y perderá _____ 124

El modo que nuestro caudillo tendrá en dar trasnochadas _____ **125**
    Las trasnochadas son importantes. Modo de trasnochadas _____ 125
    Por qué se debe dar trasnochada y a qué tiempo _____ 126
    Otro modo de trasnochada_____ 126
    Ocasión en que se debe dar trasnochada _____ 126
    Advertimiento _____ 126
    La trasnochada en noche lluviosa es la mejor _____ 127
    Avisos al caudillo _____ 127
    Advertencias _____ 127

Advertimientos _____ 128

Modos de trasnochadas _____ 130

Aviso al caudillo _____ 130

Modo de dar y recibir emboscadas _____ 131

Emboscada universal _____ 131

Emboscada _____ 132

Modo de emboscada _____ 132

Otros modos de emboscada _____ 133

Aviso a los soldados _____ 134

Advertimiento _____ 134

Costumbre de indios en sus emboscadas _____ 134

Aviso al arcabucero _____ 135

Emboscadas de indios _____ 136

Riesgo de emboscada de indios _____ 137

Emboscadas que echa el indio _____ 137

Aviso al caudillo _____ 138

El caudillo que cae en emboscada merece gran culpa _____ 138

Aviso al caudillo _____ 139

Modo de dar guazavaras y recibirlas, con otros avisos importantes en defensa natural _____ 140

La guerra más hidalga que el indio hace _____ 140

Aviso al caudillo. En la guazavara no es permitido el retirarse _____ 140

Ejemplo de Calceratidas _____ 141

Dicho de Aníbal _____ 141

El marqués del Valle. Quien acomete puede tomar consejos arriscados. El buen consejo asegura la victoria. El caudillo que no toma consejo merece culpa _____ 141

Consejo de Artabano _____ 142

El que tuviere práctica de la cosa puede dar consejo _____ 142

La ventaja conocida asegura la victoria _____ 142

Por qué han tenido los turcos victorias _____ 142

Aníbal usó mucho de la industria _____ 143

El caudillo ha de ser desenfadado _____ 143

Donaire de Aníbal _____ 143

Avisos al caudillo _____143
El cantar victoria desanima al contrario _____144
Aviso al caudillo _____144
Orden de guazavara _____144
Rehúsen de llegar a las manos _____144
Avisos al caudillo _____145
Obligación del caudillo _____146
Orden de los indios en dar la guazavara _____146
Aviso al caudillo _____148
Opinión del Epirota _____148
Opinión de Aníbal _____149
Remedio al mal suceso. Dicho de Séneca _____149

Libro cuarto en el cual se trata como se han de asentar las paces, y de como se ha de poblar una ciudad, y como se ha de repartir la tierra, y el buen tratamiento que se debe al indio, con el premio de conquistadores y pobladores _____ 151

Asentar paces _____151
Ejemplo de César _____152
Las espías son provechosas _____152
El conservar la paz es felicidad _____153
La paz se debe considerar con quien se asienta _____153
Apercibimiento que se hace al indio _____154
La paz sin armas es muy flaca _____154

El modo que nuestro caudillo tendrá en conservar lo que pacificare y poblare Modo de poblar _____ 156

Para poblarse debe granjear la voluntad al indio _____156
Poblando en el riñón de la tierra se asegura mucho. El caudillo puebla en sitio de mejores comodidades _____156
Primero que se pueble den el voto los señores. De repente el indio no apercibe cautela. El secreto se guarde y si se echare de la boca sea obrando _____157
La fuerza de poblar una ciudad _____157
Ceremonia. Protestación _____157

Reto _____ 158
Posesión _____ 158
Fundación de la iglesia _____ 158
Elección del cabildo _____ 159
Juramentos _____ 159
Bando _____ 160
Medida del pueblo que se poblare _____ 160
Padrón y regimiento de solares _____ 161
Repartimiento de indios para hacer la iglesia y ciudad _____ 161
Aviso al caudillo _____ 161
Prevención _____ 162
Posesión de la iglesia _____ 162
Conveniente cosa es correr la tierra. Débese dar el agua del bautismo a los principales que lo pidieren _____ 163
Siempre se deben procurar los secretos de la tierra _____ 163
Aviso _____ 164
Advertencias _____ 164
Con el engaño suele el enemigo allanar más que con las armas. Ejemplo del engaño que vio Sopiro _____ 165
Avisos _____ 165
La agricultura es de gran provecho a las Repúblicas _____ 165
Los romanos. Dicho de la Reina doña Isabel _____ 165
Don Dionisio, rey de Portugal _____ 166
Selim, primer emperador de Turquía _____ 166
La industria es de más momento que la agricultura _____ 166
Advertencia al caudillo _____ 166
Costumbre de los Lacedemonios _____ 167

La cuenta con que se debe repartir la tierra entre los pobladores __ **168**

Mala práctica de caudillos. La fe se debe guardar en todo tiempo _____ 169
Riesgos que corre un inconsiderado caudillo _____ 170
Rómulo se preció de gente humilde _____ 171
Buen remedio para premiar en la conquista _____ 171
Advertimiento _____ 171

Advertencia 172

Aviso 172

El vecino cumpla con el feudo. Al indio se le debe la doctrina. El indio debe el tributo en razón del vasallaje y administración. Ejemplo de lo que sucedió a los primeros conquistadores 172

Advertencias 173

El buen tratamiento que se le debe al indio **176**

El vasallo nuevamente conquistado es bien reciba beneficio 176

Por qué perdió el francés a Sicilia 176

Los milaneses. Los ingleses 176

El caudillo se mueve con justificación al castigo 177

César siempre convidaba con la paz 177

Nerón ganaba las voluntades de todos 177

El hacer interesado al indio, asegura la paz 178

Modos de interesar a los indios 178

Advertencia. Importa mucho cumplir lo prometido al indio. Con facilidad se rendían a Norandino viendo el buen tratamiento que hacía a los rendidos 179

Premio de pobladores **181**

El premio que se debe a quien bien sirve 181

Si se gratifica al benemérito se levanta la virtud 181

Gratificación 181

Mucho importa que el soldado sirva de gana 182

Ejemplo de Julio César 182

Premio de los antiguos 182

Premio de los romanos 182

El soldado es defensa del reino. Favorécese poco al soldado 182

Alejandro Magno honró a sus soldados en vida y muerte 183

En Atenas cantaban alabanzas a los soldados 183

Licurgo fue muy cuidadoso en honrar soldados 183

Roma honró y premió a sus soldados 183

Crueldad de indios 183

Alabanzas de romanos a los soldados 184

Los romanos elegían siempre soldados robustos _____184
Premio de Escipión _____185
Diferencia por un premio _____185
No por falta de valedores se deje de premiar la virtud_____185
Consideración que el caudillo debe hacer _____185

Libros a la carta _____ **187**

Brevísima presentación
Milicia indiana, publicado en 1599, es un tratado de arte militar pensado para los capitanes o «caudillos» españoles en América, enfrentados a los inconvenientes geográficos, y a los aborígenes. Su autor, Bernardo de Vargas Machuca (1557-1622) vivió más de veinte años en América y se opuso a las ideas de Bartolomé de las Casas.

Prólogo del autor

Cuando de un reloj se considera con especulación su todo, fuerza será dar gusto al entendimiento; pero si le dividen en partes, echando mano de un solo hierrezuelo, no pueden dejar de dar con él en un rincón, juzgándole cada uno por cosa sin provecho. Curioso lector, los libros tienen a este reloj gran semejanza, que leyendo su todo, no pueden dejar de dar gusto su artificio y doctrina; pero si se leen en parte, también será fuerza arrinconarle juzgándole sin provecho. Yo no pienso pasar sin entrar en juicio; ni tampoco quiero pedir que el que hubiere de ser juez de este libro curse veintiocho años de esta escuela, como yo lo he hecho, para que derechamente lo pueda ser, o que después de cursada se ponga a escribir y trabajar otro, en tanta calamidad de tres años de pretensiones como yo he tenido. Pero a lo menos suplicarle he que, primero que adicione, haya pasado todo el libro, para que cada parte se incorpore en el intento, que espero en Dios que en la especulación cada uno hallará el todo del reloj y le parecerá bien: así, el que tuviere la práctica de lo que se trata, como el de teórica. Las causas queme obligaron a escribir este libro, la principal fue, servir a la Majestad Real, alentando aquella milicia que tan dejativa está, y también dar escuela de ella a muchos caudillos que en aquellas partes emprenden conquistas y pacificaciones sin ningún conocimiento, que son causa de que se pierdan mal nuestros españoles no quedando ellos ganados. Obligóme asimismo la afición que a este arte de la milicia he tenido desde el día que ceñí espada, siguiéndola en Italia, y armadas, y en Indias, donde comencé con el cargo de maestre de campo, y entrando en el de caudillo general, fueron por mi cuenta y riesgo todas las jornadas y conquistas que se me encargaron, que no fueron pocas. Por la manera que fabriqué este libro, fue el darle nombre de Milicia y descripción de las Indias, repartiéndolo en cuatro libros, poniendo por principio una exhortación para mover y dar lumbre al intento; y por postre añadida la descripción de las Indias. Obligóme a lo hacer, el ver algunos libros que de ello tratan, que comprenden poco, y como son escritos por relaciones, tienen muchos errores, y para que los que viven en estas partes alcancen las cosas con la misma verdad que allá pasan. Asimismo añadí un breve Compendio de la Esfera, porque el discurso con que trato toda cosa de

Indias en la descripción me obligó a lo hacer, tratando tan solamente lo necesario, porque mi intento no fuese, y también por engolosinar a los que siguen aquella milicia, que tanto carecen de su compuesto, obligándoles a que la estudien aprovechándose de Sacrabosco y otros autores graves. Vale.

Libro primero en que se tratan las partes de que ha de ser compuesto un buen caudillo

Exhortación

Sabida cosa debió ser entre todo género de gentes y particularmente en los que Dios quiso dar razonable talento y discurso, la división de los orbes celestes y elementales, y su compuesto: que considerada esta máquina; la habrá hallado dividida por sus zonas, paralelos, meridianos, círculos mayores y menores y horizontes: y la gente que habita la máquina terrestre, cada uno con su correspondiente antípoda, anteco y pirieco, piriseo y anfiseo, la influencia, calidad y asiento que cada parte de éstas tiene por las alturas que distan de los polos Ártico y Antártico y Línea equinoccial: y así mismo habrá considerado los mares y caudalosos ríos, reinos, provincias, ciudades, villas y aldeas: las sierras, montañas y campos rasos: el valle caliente, el medio templado y el alto frío: el número de gentes: las leyes naturales, divinas y humanas: las sectas, los ritos y ceremonias: y de las personas, sus facciones, colores, estaturas, ánimos, entendimientos e inclinaciones: los trajes, costumbres y disposición de armas: y en los mares y ríos, la disformidad y variación de peces, casi con la misma división de la tierra: en cuyos y diferentes centros están por sus géneros repartidos, a cuya causa difiere el artificio de pescarlos, Con las cuales consideraciones pienso yo debe cualquier buen republicano dividir y desmenuzar, teniendo conocimiento de cualquiera y toda cosa, para gobernar con policía y buen orden su república; poniendo en ello de ordinario vigilante cuidado; pues no con unas mismas ordenanzas se gobiernan los reinos, ciudades y pueblos menores, aunque militen debajo de una ley divina y humana; porque ya que frisen en parte, no en el todo. Y así vemos que en cada república tienen sus ordenanzas acomodadas; porque mal se gobernará Sevilla con las ordenanzas de Madrid, ni Burgos con las de Bilbao, ni una aldea con las de una ciudad populosa. Y así el príncipe debe gobernar sus reinos diferenciando las ordenanzas Reales, acomodando sus causas y calidades. Y para esto es conveniente cosa, que así el príncipe, como sus gobernadores tengan práctica y conocimiento de ellas, general y particularmente; por donde conservarán y gobernarán reinos y provincias ensanchándolas cada día más, sin demasiado trabajo; pues siendo así, que todas las cosas difieren conforme sus causas, de creer es, las guerras también tendrán diferente modo y práctica, cuanto fueren diferentes las tierras, las gentes, los ánimos y las armas con que pelearen a su invención.

Romanos
Y así sabemos que los romanos se aprovecharon en sus guerras antiguas de ballestas, dardos y rodelas, escudos y capacetes; también corazas, brazaletes y grevas, arcos y hondas, y sus escuadrones los formaban a la consideración de semejantes armas.

Griegos
Los griegos usaron picas y algunas armas de los romanos.

Franceses
Los franceses, los de a caballo, usaron saetas, y los de a pie, rodelas y estoques, y en el acometer grandes alaridos y voces.

Africanos
Los africanos se aprovecharon de camellos, como los orientales de elefantes, en que se encastillaban, usando armas arrojadizas.

Españoles
Nuestros españoles usaron grandes carros de fuego y armas arrojadizas; y las que ahora usan en las partes de Levante y en nuestra España más de ordinario, es la pica, alabarda y la espada que inventaron los suizos; también arcabuces, coseletes; los piqueros y los hombres de armas, arneses y lanzas de enristre; los jinetes, lanza y adarga; usan artillería gruesa y menuda mosquetería, arma provechosa, y en las fuerzas, murallas y fosos, y para las bolas con fuego el enemigo hace minas y los de dentro se defienden haciendo sus contraminas..

Armas usadas en Indias por españoles
En las partes de Indias usaron al principio ballestas, cotas y corazas, y pocos arcabuces, también rodelas; y ahora en este tiempo con la larga experiencia, reconociendo la mejor arma y más provechosa, usan escopetas, sayos de armas hechos de algodón, espadas anchicortas, antiparras y morriones del dicho algodón y rodelas; y los de a caballo, lanzas y en algunas partes cotas, y cueras de ante y sobrevistas de malla. Los unos y los otros usan trompetas. Estas armas, así de a pie, como de a caballo, las acomodan a la furia y arma del indio, a la aspereza o llanura de la tierra, al calor o al frío, y conforme a la invención con que pelea el indio: así reparten y forman su gente y campo (como adelante se dirá) procurando andar con el movimiento del indio, porque es tan vario que de una provincia a otra y de un valle a otro, sin intervenir diez leguas de latitud o longitud, hallan nuevo modo de armas, a cuya causa conviene variar también nuestros españoles, y en general se aprovechan de la ayuda de perros, por haber hallado de cuánta importancia son para su defensa y vela en los Reales y para descubrir emboscadas. Estas armas no todas se usan en un reino, porque así conforme la tierra demanda, así se aprovechan de ellas. En la Nueva España, se usarán en parte; pero no en el todo. Lo mismo en el Perú y Nuevo Reino de Granada; y aún en cada uno de estos reinos, en sus provincias hay diferencia, que por no ser a tiempo para desmenuzado, paso sucintamente, por tratar de los indios, su invención de armas.

Armas de los indios
Los indios, así antiguamente como en nuestros tiempos, han usado y usan lanzas de treinta palmos, son de palma, tostadas las puntas, y en la dureza no hace diferencia a un hueso. Otras usan de hierros que han ganado y rescatado a nuestros españoles, cosa bien digna de castigo ejemplar que casi es traición o especie de ella, porque aunque se rescatan a indios de paz, y con sano intento, son arcabuces por donde pasan a las manos de sus enemigos, con los cuales han ya quitado muchas vidas a los nuestros (cosa en que se debería mirar y poner remedio en ello para no lo hacer, y los gobernadores para lo castigar). Usan también unas macanas, como

montantes o espadas de mano y media, son de palmas y juéganlas a dos manos. Usan las flechas con puntas de pedernal y púas de rayas, que son muy enconosas, y otras con puntas de palma enervadas con yerba de veinticuatro horas. Dardos y rodelas, morriones y coseletes de cuero de toro. De esto solo usan los de Chile. Otros indios usan la cerbatana con saetas de yerba. Otros estólicas y tiraderas, púas, estacones, hoyos, trampas, galgas y puentes falsos. Usan también hondas, esta es arma dañosa, dan emboscadas muy a menudo; cuando acometen dan grandes voces y alaridos.

Uso de los indios en la guerra
Unos traen el cabello largo y suelto, como mujeres, otros lo traen trenzado, otros cortado y rapado. Estos son los mejores guerreros, porque se excusan cuando vienen a las manos con los españoles, de que les hagan presa de ellos, y como no lo tengan y estén en cueros, se deslizan sin que se puedan asir a manos. Cada nación se aprovecha de parte de estas armas conforme a su aplicación y disposición de tierra.

Los indios se pintan para salir a la guerra
Salen a sus guerras en cueros, muy pintados rostro y cuerpo para parecer más feroces: píntanse con vija, que es una color como alheña; y otros de jagua, que es una tinta que se hace de fruta, que en nueve días no se quita.

Joyas de indios. Los indios usan colas de animales
Salen los más principales, donde la alcanzan con varia plumería y cargados de joyas de oro a su modo, como son caracuries en las narices, chagualas, orejeras, medias lunas, y brazaletes y cuentas: pónense manos de leones y tigres en la cabeza; y en la cintura las colas de estos animales que les cuelgan por detrás.

Usan instrumentos para levantar los ánimos, como son caracoles, fotutos, tamboretes y trompetillas. Y en las montañas usan para recogerse de lejos y avisar y tocar a arma, unos atambores grandes de palo.

Huida de los indios
Es gente que en las guerras y guazavaras que tienen, si comienzan a huir, se desbaratan con facilidad, sin esperanza de remedio alguno para poderse tornar a reformar, recoger y fortalecer.

Indios victoriosos
También es gente que si reconocen la victoria no tiene el mundo guerreros que mejor la sigan, porque sin comer ni descansar siguen un alcance tres y cuatro días, sustentándose solamente de una coca que mascan.

Prevención de indios para entrar en la pelea
Todas sus peleas son fundadas en traiciones; sino es cuando representan Guazabra, que nuestro castellano llama batalla, que confiados en la fuerza de su gente y en la comodidad del sitio, vienen a campo abierto, dejando, cuando entran en ella, hecha y reconocida la huida: y Jo mismo guardan en las emboscadas y asaltos, porque sin esta prevención no es gente que se aventura, aunque más preciso sea el caso y ocasión, ora sea en sabana rasa o en montaña alta y fragosa.

Indios ágiles
Son ágiles por el hábito y costumbre que tienen hecha, y así, por aliento alcanzan un venado y no hay perro que más suelto sea y que menos se embarace en la corrida, así en pajonal de sabana, como balsar o arcabuco, ni que mejor tome un rastro de gente que haya pasado aunque sea de ocho días, así por caminos como por trochas o quebradas de agua. Sus viviendas las tienen muy como guerreros; aquellos que siguen la guerra, tiénenlas por los altos divididas por parentelas; cada parentela tiene su cabeza conocida, aunque la respetan muy poco.

Modo de avisarse los indios en la guerra
Cuando les conviene juntarse o darse algún aviso, se entienden por los atambores dichos. Y cuando la distancia es larga, que el eco de los atambores no alcanza, hacen humos de tal manera y tal modo que un mensajero

no podría mejor dar a entender la causa. Casi en parte siguen este aviso las atalayas de la costa de España, otros las tienen en lagunas con mil varios modos: y en la gente que vive de esta manera han durado y durarán (a lo que de experiencia se tiene) algunos años sus conquistas, como más largamente adelante trataremos, que los que se han hallado y hallan en junta de república, han sido y son conquistados con facilidad.

Valor de un indio. Persuasión de un indio
Es gente de behetría toda ella, sin consideración ni valor, y así, si se ven presos se dejan morir miserablemente en dos días; y si notablemente ha habido algunos valerosos y que en sus infortunios han mostrado fortaleza, han sido y son muy contados, como lo fue aquel Araucano de quien cuenta Alonso de Ercilla que antes y después de cortadas las manos por nuestros españoles, prometía grandes daños, con grandes oprobios que les decía si con vida le dejaban, como así sucedió, cosa que el caudillo debe excusar, dejando libre de sus miembros al que derechamente no mereciere muerte, y al que la mereciere dársela con la ley en la mano; y al que se hubiere de soltar, obligándole con buenas obras a la amistad, porque al que le cortaren la fuerza de las manos, se la multiplican en la lengua, que viéndose tan lastimado, cualquiera sabe bien persuadir y mover los de su bando a coraje y lástima, como en éste se vio bien el efecto que hizo con sola su lengua, que con sus parlamentos y exhortaciones alcanzó aquella nación tantas victorias y nombre, con tanta ruina y daño nuestro. Otros ha habido valerosos, pero han sido pocos, y esos sin discurso y siguiendo su gentilidad arrebatados de una cólera bárbara. Y si mostró discurso y valor aquel famoso Lautaro con tan memorables hechos, se puede atribuir al tiempo que cursó entre nuestros españoles sirviéndolos; y no es mucho que entre tan gran número de gente se hallen algunos como yo los he topado en el discurso de mis conquistas y jornadas.

Las Indias fueron intratables antes de nuestros españoles
Volviendo a nuestro propósito, digo que habiendo tanta diferencia así en armas como en las demás cosas, diferente práctica y milicia será fuerza tengamos en aquellas partes y diferentemente se habrán nuestros

españoles con gente que después que Dios crió el mundo no tuvieron comunicación con las partes septentrionales o, por mejor decir, volvieron a ellas, por la distancia tan grande que de una parte hay a otra: y que las Indias todas es una isla en cuyo cuerpo se abraza Perú, Nuevo Reino de Granada, Brasil, Tierra firme y Nueva España, y Florida y Nuevo México, tierras que fueron siempre intratables hasta que nuestros españoles las hollaron y descubrieron.

El indio se vale de sola su invención de armas
Si es verdad que pasaron apóstoles a predicar el Santo Evangelio, como yo lo creo, y de ello hemos hallado señales, aunque no hay escritura divina ni humana por donde se pueda probar que los apóstoles fueron a las Indias Occidentales, pero piadosamente se puede creer, no los enseñarían invención de armas y modos y práctica de guerra, más de tan solamente tratar las cosas de nuestra santa fe, y así queda probado se valen de sola su invención de armas y natural, y que nuestros españoles también se habrán acomodado a la misma tierra y a lo que su disposición da lugar, y para esto habrán hecho nuevo discurso y nueva práctica, dejando la de Italia en mucha parte, no por carecer de ella, porque entre tanto número de gente, bien se debe creer habrán pasado soldados que la pudieran practicar, pero como no es conveniente en el todo para contra aquellas naciones en sus conquistas, no se trata de ella.

Hasta ahora no se ha hecho discurso de la Milicia Indiana. Por faltar conocimiento y práctica al caudillo o gobernador, sobran inconvenientes
Bien que cuando unos españoles se han con otros o con otras naciones enemigas en las costas, se aprovechan, y no porque algunos preceptos dejen de frisar, como este dechado descubrirá, cosa que después que se descubrieron las Indias, nadie ha querido ni ha hecho este discurso ni escuela de él, siendo tan importantísimo y no menos digno de saber que otro. Norte del soldado, del capitán, del gobernador, para aquel que gobierna sin experiencia y práctica, gobierne por la teórica y conocimiento de cosas, aunque no las tenga presentes, que con ellas resolverá

con presteza y certidumbre, que los que han escrito, solo han tratado las conquistas, los hechos y los famosos capitanes y soldados, las calidades, tierras y asientos, sin descubrir el modo y práctica de milicia con que allá se han nuestros españoles, por cuya causa resultan muchos inconvenientes en las elecciones que hacen, proveyendo muchos que carecen de toda práctica y teórica; y es enviar muchos ciegos para dos que acaso acertaron a tener vista, que cuando los tales vienen a abrir los ojos, han perdido ya la ocasión, que vuelta la cara no se puede asir.

En la milicia indiana el príncipe no hace el gasto. En la milicia de Italia el trabajo está repartido

Pues bien, sabemos que no hay hoy gobierno en todas las Indias que no participe de guerra y pacificaciones, y sino todos, los más de ellos, y con tal cuidado se evitarán un millón de inconvenientes, teniendo el conocimiento de la causa para elegir, y los unos y los otros acertarán a servir a su rey y señor y él honrará sus caudillos y pobladores con premios honrados a quienes tan debidos son, pues en esta milicia el príncipe no hace el gasto, porque el capitán o caudillo que a su cargo toma la ocasión él se hace la gente y la sustenta y paga y había de todo lo necesario, previniendo armas y municiones, sin que intervengan pagadores reales, pues llegada la ocasión del trabajo y peligro, siempre es el primero, y la hambre siempre pasa primero por el rancho del buen caudillo al sueño y descanso: el soldado tiene tiempo conocido, el caudillo jamás lo tiene, porque el rato que le sobra del trabajo está vigilante por la salud de su campo que toda cuelga de él: que en la milicia de Italia el trabajo está repartido en el general, maestre de campo, sargento mayor y su ayudante, y en los capitanes, sus alféreces y sargentos y cabos de escuadras y otros oficiales ordinarios y extraordinarios.

En la milicia indiana el trabajo todo es del caudillo

Pero en la de Indias todo está a cargo del caudillo, aunque es verdad nombra algunos oficiales; pero es *propter formam*, porque él gobierna, castiga y compone y media: reparte su gente sargenteándola, y, sobre todo, es pagador de ella. También a ratos es médico y cirujano y al enfermo o herido es el primero que ayuda a cargarle, haciendo el oficio de padre,– y por momentos acontece descalzarse e ir descalzo en el camino por calzar al soldado y remediar no más precisa necesidad que la suya. Pues quisiera yo saber qué premio se le deberá al caudillo que a tanto acude. Y mucho más que este dechado descubrirá, y esto con gran fe y amor de servir a su rey, esperando premio justo, porque en su mano está el dejar de hacerlo, pues por ello no tira sueldo, lo que no podría hacer el capitán, o soldado de Italia fuera de ocasión acomodada por la paga que han recibido o por otras forzosas causas, y así a ratos sirven más de fuerza que de grado, de que yo soy testigo por haberlo visto y considerado al ojo, que mis años me cuesta aquella milicia. Pues si les falta la paga, ya sabemos se engendra un motín y se altera el campo, sin que podáis averiguar quién fue el causador y alborotador.

Riqueza de las Indias
Y si considerásemos con esto el provecho que nos acarrea la milicia indiana y lo que se le debe, hallaremos que cada año, uno con otro, nos entra por la barra de Sanlúcar en nuestra España muchos millones de dinero, plata y oro; y esta riqueza resulta del trabajo de sus personas y del valor de sus espadas, porque éste ha sido y es el principio pe todo. Pues estos conquistadores que tanta riqueza adquieren para ilustrar nuestra patria, sus hijos y sucesores, ¿qué diremos se hacen? diránme a mí, que todos mueren, y yo les reconoceré que es verdad: pero no me negarán que no mueren la mayor parte por los hospitales: y ya que actualmente no mueren en ellos, mueren en su pobreza, cosa bien lastimosa y digna de remedio, pues quien fue para ganar la tierra, también será para gobernarla tan bien como otros y aún mejor, por el mejor derecho, práctica y obligación que para ello tienen, sin les preferir gentes nuevas desnudas de todo mérito en aquellas partes.

Quien quita el premio a los beneméritos, lo yerra. España se aflige si le falta el tributo de las Indias
Si me dijeren que les falta talento, confesarles he yo que podría faltar en alguno, pero no en todos; y al que le faltare para gobernar, no le faltará

para comer la merced que su rey le hiciere por lo que él o sus pasados han servido: que de no hacer esta consideración algunos gobernadores, han resultado grandes males, y esta culpa no la padece el príncipe, pues tan cristianamente sobre ello tiene dispuesto y ordenado, pero muchos lo yerran por faltarles el conocimiento de las cosas, y así son fácilmente engañados y persuadidos a ruegos y favores, o que se muevan por otros particulares fines, quitándoselo al benemérito y dándoselo al criado o paniaguado, al amigo mercader o al otro oficial, y de esto los beneméritos se despechan, que si considerasen que van contra cédulas reales y el daño que podría resultar, no lo harían, ni desanimarían los conquistadores, pues todos sabemos cuánto importa que no falte a nuestra España la ordinaria riqueza que de Indias le viene, y es tanto que si yerra un año la flota, no solo está afligida en particular, sino en general: y por mucho que venga, han menester más para sustentar tantas guerras que de ordinario tiene: y este multiplico se podría esperar, premiando los pobladores y animándolos para que descubran nuevas gentes para más servir a Dios Nuestro Señor.

Las partes que debe tener un caudillo en la milicia indiana y de cuántas debe ser compuesto

Para que las monarquías se hayan ensanchado, han sido necesarias las conquistas. Los reyes de España quitaron a los romanos la fortuna. Conviene que el caudillo conserve lo que poblare. La elección del caudillo ha de ser por las buenas partes que tuviere

Para extender y ampliar las monarquías, han sido necesarios los descubrimientos y las conquistas: porque debajo de ellas se han ensanchado y los príncipes se han hecho poderosos y ganado estimación y nombre, y sus vasallos se han ennoblecido y con su valor han acrecentado estados, dejando perpetua memoria, y este bien ha sido general en toda república, y para gozar de esta felicidad fue necesario que los príncipes fueran a propósito, y en las partes que más han acertado a tenerlos, más largamente han gozado de esta buena dicha, porque el príncipe es el que baraja el dado y hace el buen soldado y el que infunde la buena determinación y engendra los buenos sujetos: y los que más en esto se han señalado, fueron los romanos, porque tuvieron clavada la rueda de la fortuna por largos años, hasta que los Católicos Reyes de España oscurecieron y derribaron su nombre de la cumbre en que estaban colocados, por su gobierno y espada, quitándoles de las manos la fortuna que tan asida tenían, tomándola para sí, extendiendo tan largamente las alas de la fama por sus famosos hechos, tanto que jamás se vio monarquía que más largas las tendiese, abrazando por todas partes tantas y tan remotas regiones, de tal manera que a cuatro mil leguas de longitud de nuestra España está recibido el santo Evangelio, y sus banderas y estandartes están tremolando, y la causa han sido los grandes y valerosos príncipes que hemos tenido y tenemos, habiendo criado grandes y famosos caudillos y capitanes, los cuales en sus conquistas y poblaciones han mostrado gran fortaleza, la cual deben tener y conservar así en lo que está poblado como en lo que fueren poblando adelante, y que por negligencia y descuido no se despueble lo que tanto trabajo ha costado y cuesta, como ya hemos visto algo de esto en las partes de Indias, y para que así no suceda, conviene mucho se hagan las elecciones de los gobernadores con consideración, y las de los caudillos, buscándolos a propósito con las más partes que fuere posible, sin respetos y otras obligaciones, que es gran lástima ver lo que pasa hoy en aquellas partes en esta razón, como más largamente adelante se dirá, y no por falta de buena elección se pierda la ocasión y el tiempo y el servido de Dios y del rey.

Partes de un caudillo
Cuáles sean las partes de que ha de ser compuesto nuestro caudillo, cuanto a lo primero, buen cristiano, noble, rico, liberal, de buena edad, fuerte, diligente, prudente, afable, determinado: otras partes que penden de éstas, que se pudieran reducir a ellas, quiero declararlas, porque el que siguiere o tratare de esta milicia, advierta así mismo que el caudillo ha de ser dichoso, secreto, cauteloso, ingenioso, honesto.

El caudillo que más partes tuviere, mejores efectos sacará. Elección de los griegos y romanos
El caudillo que todas las partes referidas alcanzare, sepa que es particular don de Dios y con seguridad se podrá arrojar a las conquistas y poblaciones, y el que se eligiere con más partes de estas, mejores efectos sacará, que no el que fuere desnudo de ellas: y este modo de elección con más o menos partes, observaban bien los griegos y los romanos.

Cómo debe ser buen cristiano nuestro caudillo. El caudillo debe ser buen cristiano. Ninguna cosa acrecienta el ánimo, como es estar bien con Dios. Consejo de Platón
No se mueve la hoja en el árbol sin la voluntad de Dios, y si El es con nos, quién será contra nos: pues siendo esto así, no puede haber cosa buena donde no hubiere temor de Dios, ni puede haber victoria que Dios no la dé, porque El solo la da y Ella puede quitar, permitir y estorbar, y a El solo se debe acudir: y qué cosa hay que más pueda aumentar el ánimo a un caudillo que acudir a su divina providencia, poniendo todos sus pensamientos y obras en sus manos para que favorezca los efectos, como nos lo aconseja Platón, así en los casos graves, como en los fáciles, porque siga

el buen fin al buen principio en toda cosa y particularmente en los casos de guerra.

Prevención de David
David jamás salía a la guerra sin saber primero si salía en conformidad con la voluntad divina.

Constantino llevaba la cruz por estandarte. Victorias de los Teodosios por la oración. Cuando Josué peleaba, Aarón y Moisés oraban. Antes que el caudillo salga a la guerra, haga sus sacrificios. El caudillo lleve sacerdote
Cuando Constantino salía, llevaba la cruz por estandarte. Pues las victorias de los Teodosios, los antiguos afirman nacieron más de sus oraciones que de sus ejércitos. Y cuando Josué peleaba, Aarón y Moisés oraban; y así se ve que el acudir a Dios produce buenos efectos; y para que Dios reciba al que a Él acudiere, es conveniente que el caudillo haga ante todas cosas, y antes que salga a sus conquistas, las diligencias de cristiano, con sacrificios y oraciones; y para que esto se continúe en el discurso de su jornada; así por él como por sus soldados, es necesario llevar sacerdotes consigo, con la reverencia que a su tiempo trataremos, para que los limpien de los pecados y traigan a la gracia de Dios. Esto anima mucho y les da esperanza de victoria y van con certidumbre de ella.

Religión de los romanos
Los romanos tenían la religión por principal artículo de su gobierno y no sufrían que fuese violada y jamás trataban cosa de República o de guerra, que primero no procurasen la gracia de sus dioses y de darles gracias por los bienes recibidos.

El caudillo se excuse de jurar
Para que más aceptos sean los sacrificios y oraciones que el caudillo hiciere a Dios, excúsese de jurar su santo nombre, porque, como dice San Agustín, de todo se ha de guardar cualquiera de jurar, porque de hacerlo alguna vez viene a hacer costumbre y en ello ofende gravemente

la Majestad de Dios; y así el caudillo debe excusarlo, y también por el ejemplo de los soldados, porque es cierta cosa que han de imitar a la cabeza en el bien o en el mal, sino es algún virtuoso que el mal no le inficione ni le venza la comunicación de su caudillo.

Permisión de Sócrates en el juramento
Es tan abominable el juramento, que aún Sócrates en solo dos casos permitía al capitán o soldado jurar, o cuando les fuese fuerza librarse de alguna mala sospecha que estuviese recibida en su deshonra o por librar a un amigo de algún peligro. Y a esto digo yo que ha de ser jurando verdad, y este juramento está ya muy reformado entre soldados viejos, que solo se practica entre los poco prácticos en la guerra.

El caudillo no ha de estar amancebado
Asimismo importa que el caudillo no vaya amancebado, ni lo consienta a soldado ninguno, porque demás de ser dañoso para el alma, lo es para la salud, por la mala calidad de la tierra, como adelante más largamente diremos, procurando excusar los demás daños que por momentos se ofrecen en las tales jornadas, observando sobre todo el culto divino y venerar los sacerdotes, y así sucederá todo bien.

Ejemplo de Pompeyo. El remitir a Dios toda cosa tiene buen suceso
Pompeyo Magno mostró bien esto, que habiendo ganado a Jerusalén y saliendo a él el Sumo Sacerdote revestido de Pontifical, no rehusó de adorarle, y otros muchos antiguos que observaron con gran cuidado la religión de sus falsos dioses; con cuánta más razón estarán obligados los caudillos cristianos a observar la suya y a esperar victorias más célebres, con sucesos más prósperos, poniendo el blanco de sus intentos en las manos de Dios, de ande nos viene el verdadero remedio y felicidad.

Cuánto importa ser noble nuestro caudillo

La nobleza importa mucho al caudillo
Ya que hemos dicho cuánto importa a nuestro caudillo que sea buen cristiano para tener buenos sucesos, será bien digamos cuánto le importará también tener nobleza; porque después de ser buen cristiano, importa mucho esta parte, y más en la milicia indiana que en otra alguna.

Poco estimada es la milicia. La virtud es premio de sí propia
Aunque es verdad que la milicia ennoblece al que viene de baja estirpe, ejercitando las armas en servicio de su rey, sirviéndole lealmente, por ser el arte más honrado y sublime de todos, aunque el día de hoy está desfavorecido, ya casi no hay ciudadano que no se ría del que sigue la milicia y no solo se ríen, pero aún le tienen por falto de juicio, y no tienen razón, porque cuando no hubiera otro premio más del que da la virtud propia a quien la sigue, es bien seguirla y servir a su Rey y señor.

Más importa en el caudillo la nobleza que la riqueza. El poco respeto es causa del desbarate
Volviendo al propósito, digo, que el caudillo para mandar y gobernar, es bien que de atrás le venga la nobleza, porque venga a usar de ella a todo tiempo, que no hay cosa que más haya desbaratado en aquellas partes las jornadas, como han sido disensiones engendradas del poco respeto que han tenido a sus caudillos y esto nace las más veces de la poca calidad que en ellos conocen; y esta nobleza importa más al servicio del príncipe que el ser el caudillo hombre de posibles, por lo que es excusar mal y daño que por su respeto ha sucedido y podría suceder.

Pocas veces se ajusta el premio con el benemérito. Los gobernadores sin consideración eligen
Si tuviese entrambas partes, mucho mejor sería, aunque son raras las veces que sucede por el poco premio que reciben el día de hoy de los gobernadores, por cuya mano se distribuye, pues en cumplimiento de la voluntad real, tienen obligación de distribuirlo en las personas benemé-

ritas, conquistadores y sus hijos, los cuales por evadirse de esta obligación, algunas veces eligen personas bajas que se levantan de sus oficios y granjerías desvanecidos con un título de capitán, que son las alas de la hormiga que les nacen para perderse; y lo peor es que se pierden a sí y son causa de perderse muchos y sobre todo el servicio real.

Presunción de soldados de Indias
Esta es la causa que dicen que en Indias hay muchos soldados y pocas cabezas y dicen la verdad; y es muy gran lástima que estas elecciones no se hagan derechamente en gente noble o práctica, pues hay tanta, pero que falte lo uno y lo otro es malo, porque no se puede esperar buen suceso, antes mucho daño, nacido de la presunción que en aquella milicia tienen los soldados de que se les puede fiar y encargar a cada uno el gobierno de las Indias, y de dar su voto: y así es que en esta milicia lo tienen todos.

El caudillo tome consejo y haga lo que mejor estuviere. El buen pensamiento engendra buen ánimo
Y cuando se le ofrece la ocasión al soldado decir lo que siente, se debe admitir, unas veces por el provecho que de él resulta y otras por cumplimiento, haciendo el caudillo lo que mejor le pareciere; y para esta libertad importa el respeto de la nobleza, porque sin ella no aprovechará el respeto de amor ni de temor, porque será un vidrio que al primer tope se quiebre; y de esta nobleza, demás que apúntala el respeto debido, se puede esperar del caudillo que seguirá el valor de sus pasados, y si para hacer un perro se busca que sea castizo y en un caballo lo mismo, con cuánto más cuidado se debe buscar un caudillo de las partes referidas; pues sabemos que el buen pensamiento engendra buen ánimo y el buen ánimo valor, el cual jamás en las adversidades desmaya ni retira un punto, de lo que una vez intentó honradamente, hasta ver el fin y cumplir con la honra, por la comunicación del valor de sus padres: esta nobleza será acompañada de virtudes, porque no solo consiste en ser uno hijodalgo.

Sentencia de Platón
Platón decía haber cuatro géneros de nobleza: una heredada de sus pasados justos y buenos, y otra de padres príncipes poderosos, otra que la engendra la fama y opinión de hazañas hechas en la guerra; otra que se adquiere con grandeza de ánimo ayudado de sola su virtud sin ayuda de nadie.

Jactancia de Mario. De más estima es la nobleza que se ha engendrado que la que se ha recibido de sus pasados
De ésta se jactaba Mario y muchas veces decía: Mi nobleza es nueva la cual estimo en más haberla engendrado, que corrompido, recibiéndola de otro.

Teseo, Rómulo, Alejandro, fueron tenidos por dioses. La nobleza acompañada de virtud, jamás saldrá de su quicio
Correspóndense tanto la virtud y la nobleza, que por solo ser virtuosos han sido muchos antiguos juzgados descender de los dioses, y así nació la opinión que Teseo era hijo de Neptuno, Rómulo de Marte y Alejandro de Júpiter: y esta nobleza que nuestro caudillo debe tener, si la acompaña con la virtud, esté cierto jamás saldrá de su quicio.

Cuánto importa a nuestro caudillo ser rico

La riqueza aprovecha para todas cosas
La riqueza es un don que aprovecha para cuantas cosas al hombre se le pueden ofrecer, para disponerlas a gusto, porque con ella se alcanza la gloria sabiéndola emplear. Si un hombre es rico, es poderoso, discreto, amado, reverenciado y servido; y si tiene enemigos los avasalla; y si comete delitos, se libra: si quiere ser medianero, todo lo compone y tiene mano: y si con discreción la sabe distribuir, toda la República es suya.

Por la riqueza rindió Hernando Cortés a Pánfilo de Narváez. Por la riqueza se descubren grandes reinos y por ella se conquistan
Y, en efecto, todo lo allana, porque a ella se rinde el castillo fuerte y la infantería más práctica: con ella en nuestros tiempos rindió Hernando Cortés a Pánfilo de Narváez: por ella el soldado trabaja y todos los demás estados inferiores y mayores: por ella se aventuran tantas vidas y por ella también se sustentan por tan varios caminos; por ella se atraviesa la mar y línea equinoccial; y por ella hemos ido a encontrarnos con nuestros anfiseos y antecos y antípodas; y por ella se fundan los mayorazgos y se alcanzan los estados y se califican y ennoblecen con casamientos: y por ella vemos hoy a nuestra España tan rodeada de enemigos.

El caudillo gasta su hacienda sustentando la milicia
Y, finalmente, por ella hemos visto y veremos muchas victorias y grandes conquistas y descubrimientos de grandes imperios que nos eran ocultos, como cada día se van viendo, por caudillos que con poderes reales en ello se han ocupado, con ánimo de señalarse sirviendo a su Rey y emprendiendo jornadas de grande riesgo, trabajo y gastos, gastando sus haciendas sin ayuda de nadie; porque, como queda dicho, él hace la gente, la arma, paga y sustenta, y para esto importa ser rico.

Riquezas de Creso. En faltando el posible para sustentar la milicia, se desbarata
No digo yo que tenga las riquezas de Creso, pero que tenga posibilidad, porque para levantar en aquellas partes soldados, donde tan caros son, hay necesidad de ella, porque demás de aviados de todo lo necesario y a muchos de ellos desenmarañar de deudas, que nunca les faltan, proveyendo a cada uno conforme a la falta que tiene del caballo y silla, espada, mantas, alpargatas y lienzo de que hacen sus vestidos para la jornada, armas, arcabuces y rodelas, pólvora, plomo y cuerda: el matalotaje con que se han de sustentar conforme al tiempo que han de ocupar en la tal jornada, porque hasta en tanto que haya poblado y la tierra dé provecho a los soldados, después de repartida, el caudillo los ha de sustentar de todo, de tal manera que si esto les falta, luego se le va desmoronando el edificio hasta que da con todo en tierra.

Con las dádivas se inclinan los indios a la contratación con los cristianos
Demás de esto ha de sustentar cotidianos sacerdotes asalariados y ornamentos y estar cebando de ordinario a los indios con dádivas y presentes y rescates, para inclinarlos a la contratación y amistad con los españoles. Y asimismo ha de tener siempre medicinas para curar los enfermos y —estar reparado de todo género de herramientas, así de carpintería como las demás necesarias, pues no se debe olvidar el gasto a que las ordenanzas reales le obligan, a meter ganados.

El caudillo, aunque sea rico, viene a ser siempre pobre. Los gobernadores premian mal a los conquistadores. Prefieren los indignos a los dignos
¡Oh pobre caudillo, que así te quiero llamar aunque más rico seas, porque después de aventurar la vida tan de ordinario y no sé si el alma, no mueva tu riesgo, tu trabajo, tu gasto al gobernador que está durmiendo en blanda cama, comiendo a sus horas y con toda seguridad, multiplicando su hacienda por la posta, a que te haga merced, prefiriéndote en todo,

sin que te lleve y quite el sudor su criado o mozo de espuelas o pulpero, o mercader, u otro de más o menos calidad, por sus fines particulares, yendo contra las cédulas reales, escudándose con tres o cuatro mil leguas de agua!

El rey manda premiar
Dios lo remedie todo y nos dé otro villano del Danubio para que arrodillado a los reales pies tenga espíritu y lengua para decir el mucho mal que en esta razón se pasa, para que de todo punto se remedie, mandando que las encomiendas y cargos las den y distribuyan en las personas beneméritas, conforme a sus reales cédulas, por oposiciones derechamente, porque, aunque así está ordenado, no lo cumplen ni guardan.

El caudillo debe gastar y guardar
Y volviendo a mi propósito, digo que el caudillo es necesario sea rico para todos estos gastos y para que los soldados le sigan, y siguiéndole tengan buenos sucesos, el cual, con discreción, haga el gasto de tal manera que le quede con que después de haberse perdido, que es lo que las más veces sucede, cuando salga halle un pedazo de pan que comer y con que poder venir ante su príncipe a pedirle mercedes justas.

Cuánto importa a nuestro caudillo ser liberal con sus soldados

La riqueza se ha de distribuir conforme a lo que dice Aristóteles. La liberalidad se debe saber usar de ella

Si ya es que ha importado a nuestro caudillo la riqueza para la disposición de su jornada, será bien que veamos ahora si esta riqueza sola y desnuda será de provecho para su efecto, o si ha menester acompañarse con otra parte, que es la liberalidad, para usar bien de ella; y así es por lo que la experiencia nos ha mostrado, en aquella milicia más que en otra, ser necesaria, porque la riqueza sin la liberalidad sería como un cuerpo sin alma, no arrimándose a los extremos de avaricia o prodigalidad, según lo que Aristóteles concluye, notando el modo en el dar, que sea de manera que lo que se diere no dañe al que lo recibiere, ni quitándolo de uno para darlo a otro, haciéndole agravio y midiendo la posibilidad y fuerzas, considerando la persona y calidad de aquel a quien se diere, teniendo respeto a los méritos de cada uno y que se dé con causa obligatoria que a ello fuerce y no por ostentación y ganar nombre de generoso, que no lo será, sino de un pródigo ciego y necio.

Opinión de Agesilao

Y distribuyendo con este cuidado el caudillo su riqueza, justamente habrá cumplido con sus obligaciones y nombre de liberal con su gente, que como Agesilao decía: «A cargo del buen capitán está enriquecer su campo más que a sí mismo, como es más natural al caudillo en aquellas partes el dar que el recibir».

Sentencia de Alejandro Magno

Preguntando uno a Alejandro Magno dónde tenía sus tesoros, dijo que en sus amigos. Y si a mí me lo preguntaran, cuando era caudillo, yo dijera que en mis soldados, que con esto anima el caudillo su gente y granjea sus voluntades y cada uno procura satisfacer a su generosidad y ánimo: y en general tendrá todo el campo a su devoción.

El que da, al que lo merece, dando, recibe
Esta liberalidad no se ha de usar de ella con límite, sino de ordinario, y en todos los sacos y rancheos se ha de guardar la misma cuenta y modo, no queriendo gozar la parte que le cupiere enteramente ni hacer cuenta de ella, y si la recibiere, sea con demostración de tenerla en depósito para socorrer con ella las necesidades de sus soldados, mereciéndolo; porque el que da al que lo merece, dando, recibe.

Opinión de Salustio. Por la codicia de los españoles se han alzado los indios. Quien lo quiere todo, lo pierde todo. Los indios han hecho beber oro derretido a algunos españoles
Esto mostró bien Vespasiano. Y también huya de ser codicioso, porque entre soldados es un caso bien aborrecido, porque del que fuere codicioso no se puede esperar que haga cosa de hombre esforzado, que, como dice Salustio, le afemina y el cuerpo y es polilla que se arraiga en las entrañas y es causa de todos males: y en el trato con los indios lo ha sido, porque por su causa han sido obligados muchas veces a alzarse, matando gran número de gente, despoblando muchos pueblos y sustentando la guerra largos años, obligando a la muerte a muchos soldados, todo engendrado de una desordenada codicia que no les deja usar de liberalidad con los indios, que no/hay mandamiento de apremio que más preciso sea, como si les hubiéramos fiado algunas mercaderías; y puédese decir que quien todo lo quiere, todo lo pierde, como lo hemos visto por los estragos que los indios a causa de ello han hecho y hacen, tanto que como es el principal fundamento nuestra codicia para alzarse, y la sed que tenemos de plata y oro es tanta, ha sucedido echarlo derretido por la boca, algunas veces, a los cristianos, diciéndoles que se harten de oro, como sucedió a Valdivia y a otros capitanes. Y así, digo que el caudillo sea liberal y no codicioso, usando con tanto cuidado de ella con el indio rendido y vencido, como con el vencedor, para que todos se conserven.

Cuánto importa a nuestro caudillo ser de buena edad para sufrir los trabajos ordinarios

El caudillo tiene necesidad de buena edad
Ya por lo que atrás queda dicho, el trabajo a que está sujeto el caudillo en la milicia indiana, se habrá reconocido de que tiene necesidad de una edad acomodada para poder llevar los insufribles trabajos que de día y de noche pasa, sin tener un punto de descanso, que para probar esto no hay necesidad de ejemplos y autoridades, que cada uno la tiene para considerarlo, tener necesidad de edad competente, tal cual baste no siendo muy mozo ni tampoco muy viejo, porque al mozo se le pierde el respeto y al viejo la fuerza. Y para que sea medio proporcionado, será el tal caudillo de treinta años hasta los cincuenta, porque estos veinte son de servicio y que se le pueden pasar y recibir en buena cuenta, porque teniendo menos le faltará experiencia para acertar, y si más, las fuerzas para sacar buenos sucesos. En la milicia de Italia no importa que tenga más edad, pero en ésta, que ha de trabajar con las fuerzas corporales, importa mucho no tenga más de la edad referida.

Trabajos y peligros del caudillo
Y para que mejor se vea, quiero desmenuzar más a lo que está sujeto el caudillo, y así digo, que ha de tener edad para poder caminar a pie de noche y de día, por la quebrada, loma y sierra de invierno y verano, donde ofende bien el Sol por estar debajo de la equinoccial y trópicos; y tras este gran calor, cargado de armas, sufriendo un aguacero o turbión de agua; que en aquellas partes es muy ordinario, llegando mojado al río caudaloso, donde le es forzoso balseado a nado, por las corrientes, ayudando a pasar su gente y bagaje, como se dirá adelante. Lo que sucede de esto es un pasmo o resfriado y otras enfermedades, pues la noche que se le ofrece es bien trabajosa, cansado y mojado, sin tener abrigo ninguno. Pues decir las calamidades que padece en la tal jornada, son muchas, porque aquel marchar tan cotidiano de noche y de día, cayendo en una parte y despeñándose en otra; recibiendo la herida y caminando con ella por no perder la ocasión. Pues aquel ordinario dormir vestido y calzado y armado en toda

la jornada y en un pie como grulla, velando todas las noches el cuarto del alba, que le es forzoso porque a esta hora el enemigo siempre está encima, y si el caudillo se descuida a este cuarto, se puede esperar notable desgracia. Demás de lo dicho, trabaja el primero, haciendo el fuerte, abriendo el camino y montaña, haciendo el puente y balsa en el río para poder pasar, porque haciéndolo así anima a su gente. Pues la sed y hambre también le aflige, que siendo honrado caudillo ha de gozar de ella como el más mínimo soldado, a cuya causa ha muerto tanta infinidad de gente como adelante se dirá. También le da pena el mosquito de día y de noche, y la repentina picadura de la avispa, que hay en aquellas montañas en cantidad, y otras sabandijas, como son garrapatas y gusanos que se crían en las carnes; hormigas que su picadura causa una calentura de veinticuatro horas. Llegado a la población de los indios, tenga pulgas y niguas, de que suelen muchas personas perder los pies, porque se meten en las carnes como un asador y se crían mayor que lentejas, y de este mal, el cuidadoso de sacarlas y limpiarse, se libra.

También el riesgo de las culebras que llaman de cascabel, como en nuestra España víboras, que en aquellas partes hay muchas, son de mucho riesgo, porque a quien pican no dura veinticuatro horas. Y en los ríos, el riesgo de los caimanes, que son los lagartos que cuelgan por las iglesias. También no faltan en las quebradas o ríos que se vadean, rayas que atraviesan el pie, y éstas son tan ponzoñosas, que no hay dolor más agudo. También, tras esto, el riesgo de la trampa, del estacón, de la púa, de la galga cuando más descuidado va. Y sobre todo la yerba con que untan las flechas y demás armas, que es tan mala que en sacando una gota de sangre, mueren rabiando.

Comidas en el hambre
Pues si se desbaratan y salen perdidos, aquel trabajo de cargarse unos a otros por enfermedad o heridas, y cargarse la ropa y armas por falta de caballos o cargueros, comiendo la culebra y el perro, el mico, el papagayo y otras sabandijas peores, y si esto no faltase hasta salir a tierra de promisión, no lo pasarían tan mal, más faltanles al mejor tiempo algunas veces, y, como es despoblado grande, de doscientas o trescientas leguas,

más o menos, se muere de hambre mucha gente por el camino, yéndose quedando el de menos espíritu, que en tal tiempo no hay amigo ni hermano que uno a otro se valga. Para todos estos trabajos tiene necesidad el caudillo de la edad referida, y plega a Dios que con ella lo pueda llevar y salir a su salvamento.

Cuánto importa tener fortaleza en el trabajo y calamidades

Sin la fortaleza interior, la exterior no es del momento
Quiero reducir las fortalezas a dos maneras que son: la fortaleza en el exterior y en el interior, para que nuestro caudillo mejor sepa usar de ellas, acompañando la una parte a la otra, porque así como la riqueza sin la liberalidad en el caudillo, decimos es cuerpo sin alma, así la fortaleza exterior sin la interior, lo será, porque ninguna obra señalada de trabajo sin ella llegaría al fin, antes quedaría coja, que la interior es adalid de la exterior en esta misma milicia, porque los trabajos en que se ha de ver son muy grandes y excesivos y así ha de ser notado desta parte de fuerte, para que todo le suceda bien.

Fortaleza de Colón
Fuerza exterior llevaba Colón cuando navegaba en su descubrimiento; pero si le faltara aquella fortaleza de ánimo con que aseguraba su gente en medio de tanta tormenta y borrasca, así de mar como de malevolencia, sin duda se perdiera y todos los demás; y cuando no se perdieran por volverse, perdiérase por ventura el nuevo mundo, que nos dio su fortaleza interior de ánimo.

Fortaleza de Hernando Cortés
También lo mostró Hernando Cortés, marqués del Valle, barrenando los navíos y echándolos a fondo, poniendo sola la esperanza en la victoria, como varón fuerte, que bien sabemos que para tan gran número de gentes no llevaba fuerzas, y si solo tuviera la fortaleza exterior, faltándole la interior, se volviera y perdiera un imperio tan grande y tan rico que con fuerza de ánimo ganó, como se verá en su historia.

Fortaleza de Francisco Pizarra
Pues los acometimientos que Francisco Pizarra hizo al Perú, también fue la porfía de fuerza interior, hasta en tanto que alcanzó el fin deseado, dándonos tan innumerables riquezas.

Fortaleza de don Gonzalo Ximénez de Quesada. La sobra de ánimo suple la falta de la fuerza corporal
Pues don Gonzalo Ximénez de Quesada, cuando descubrió el Nuevo Reino de Granada, ¿qué fue lo que le puso en las manos un reino tan insigne y rico? la fortaleza interior, porque aunque con la exterior rompió tanta maleza de montañas y sufrió innumerables trabajos, al fin el esfuerzo de ánimo alimentó estas fuerzas de tal manera, que nunca desfalleció un punto en tantas adversidades y muchas muertes de sus soldados de hambre, con la larga navegación de ríos y caminos, de tal manera que cuando entró en el Reino, hallándose en medio de tan gran número de gente, que por ser tanta, los nuestros les llamaron moscas, y él llevaba bien poca, y con la sobra de la fortaleza de ánimo, suplió la falta de la poca fuerza que llevaba.

El ánimo excluye cobardía
Estas dos fortalezas o partes son necesarias andar juntas, porque se corresponden mucho: pero habiendo de faltar alguna a nuestro caudillo, por menos inconveniente tengo falte la corporal, porque al fin sin ella se puede alcanzar el intento con el ánimo, que es fortaleza interior, porque con él excluye toda cobardía, así para acometer, como para esperar todo suceso y romper todas dificultades y trabajos; y si a la fuerza corporal no le añadiésemos esta otra parte qué llamamos fuerza interior, sucedería como queda dicho.

Al que le falta ánimo el trabajo le rinde
Ya me ha acontecido llevar a mis conquistas Jayanes de grandes fuerzas y al que le faltaba la fortaleza interior, rendirle el trabajo y la herida y el hambre y aún el enemigo: y para que no suceda, sea varón fuerte para resistir al trabajo y al hambre y otras necesidades y esperar con esto la victoria y asegurar su campo con sufrimiento.

Valor de Cayo Mario
Cayo Mario con gran sufrimiento llevó el estar cercado mucho tiempo de Pompeyo.

Esfuerzo de Alejandro
Y Alejandro en la guerra de los Cimbrios, donde peleó solo con ellos, con esfuerzo de ánimo, y aunque herido de una herida mortal, no desmayó, porque así como le salía la sangre, le crecía el esfuerzo para buscar al que le había herido y matarle, como lo hizo; y así lo hará nuestro caudillo en todos trances.

Cuán importante será la diligencia a nuestro caudillo

La diligencia es madre de la buena ventura
La diligencia es madre de la buena ventura y el caudillo que usare de ella tendrá felices sucesos y el que fuere negligente los tendrá desgraciados, porque no será más diligente el soldado de cuanto lo fuere su capitán.

Dicho de Alejandro
Preguntando uno a Alejandro Magno cómo en tan breve tiempo había conquistado tanto, respondió: «Ejecutando hoy lo que pude, sin dejar nada para mañana».

La diligencia es necesaria en la milicia indiana más que en otra
Dicho fue de un tan gran príncipe, valeroso y sabio: y si en alguna milicia tiene subidos y quilates esta parte de diligente, es en la indiana, porque el que en ella se descuidare morirá o se perderá sin duda alguna.

Gran cuidado de Alejandro En otras guerras podría perder el caso y ejecución de su intento quedando convida, pero en ésta perderlo ha todo junto. Alejandro, dicen dormía con una pelota de hierro en la mano y el brazo fuera de la cama y una bacía de azófar debajo, para despertar con el golpe cuando se le cayese.

Los indios son como aves nocturnas. Diligencia de los indios en tiempo de guerra
La calidad de los indios es como de aves nocturnas, que andan toda la noche sin reposar un punto cuando traen las armas en las manos, y en esta parte no hay nación en el mundo que les gane y no sé si diga que les iguale porque el caudillo de ellos anda en el aire cuando previene las cosas de la guerra, porque ni come, ni para, ni duerme; y sus soldados aún se le aventajan, porque entre ellos jamás rehusó ninguno mandato de su cacique y capitán, ni tuvo orden en el trabajo y riesgo, porque aquel que primero topa a ese ocupa: de tal manera son que, si ponen una centinela, la dejan estar dos días con sus noches y en todo este tiempo no duerme obedeciendo en pie o sentado, mascando una hoja de árbol que llaman coca

y por otro nombre hayo, sin que haya falta en su modo bárbaro. Y esto no parezca ponderación, que muchos son los que lo han visto. Es gente que en la oscuridad de la noche, con truenos y relámpagos caminan para dar un aviso a sus vecinos y prevenir casos de guerra, no estorbándoles la aspereza y maleza de la tierra, el largo camino, el grande aguacero, el caudaloso río, la sed y hambre, ni el sueño y trabajo, todo lo rompen, por todo pasan, contándonos los pasos, trayéndonos siempre al ojo, de día y de noche, notándonos el descuido en que caemos.

Riesgo que corre el que se descuidare. La diligencia del indio es grande
Pues habiendo de parte del indio esta diligencia y cuidado, en qué parará el caudillo que se durmiere o descuidare, pues está a solo su cargo la salud del campo, y que si tiene descuido no se lo ha de enmendar nadie, y que le falta socorro cuando lo ha menester en tiempo apretado, y que si una vez se desbarata tiene mara reformación y corre toda la gente riesgo, porque es gente que sabe bien seguir la victoria y alcance, sin estorbo ni cansancio, y todo nace de la diligencia y viveza que tienen, que en esto parece fueron dotados y señalados. Yo considero que su diligencia hará diligentes a sus contrarios, y así me parece estará obligado el caudillo a tenerla para conseguir buen suceso, correspondiéndose con el enemigo: demás de que en todas las guerras el capitán ha de ser en la prevención, un trueno, y en la ejecución, un rayo.

Diligencia de Marco Catón
Preguntando a Marco Catón cómo había vencido una ciudad de España, pareciendo cosa incrédula, por la presteza con que la rindió, respondió: «Andando el camino de cuatro días en dos», en que significaba su diligencia.

Consideración de Homero
Homero llama en su poesía a Aquiles, ligero de pies, no porque fuese corredor ni saltador, sino por su gran diligencia y prontitud en comenzar y acabar la obra.

Los indios son repentinos
La misma debe tener nuestro caudillo en todas las ocasiones que se le ofrecieren en esta milicia, porque los naturales son repentinos en sus acometimientos, como adelante se dirá.

Cuánto le importa a nuestro caudillo ser prudente
La prudencia es llave de toda cosa No menos necesidad tiene nuestro caudillo de ser prudente en todas las ocasiones que se le ofrecieren en sus jornadas, que de las demás partes que le tenemos aplicado, porque aunque es verdad que raras veces se hallará hombre tan perfecto que sea dotado de todos estos dones, la experiencia nos enseña de algunos que, por faltarles alguna de estas partes, no tuvieron tan buenos sucesos.

Sentencia de Boecio
También se han visto otros que, con faltarles, han salido con sus intentos, que, como dice Boecio, no hay ningún mortal que no tenga pecado, ni ha habido varón famoso que no haya sido notado de alguna falta, que hasta en las cosas naturales se ponen. Mi intento es elegir un caudillo para la milicia que se trata, compuesto de las partes sobredichas y de las demás que en esta materia se irán ofreciendo, que cuando no se halle tan perfecto, a lo menos se hallará, si lo quieren buscar, con partes a propósito, y que la falta que tuviere no sea notablemente dañosa, y si en contrario se eligiere, será gran ventura acertar el hecho. De manera que digo que nuestro caudillo ha de ser prudente en lo que quisiere intentar, mirando primero los inconvenientes, y lo que puede suceder y si puede salir bien con su empresa, que no le va menos que la vida y la de todo su campo.

La prudencia es llave de las demás partes
Prudencia es la llave de todas las partes que le damos y tiene la excelencia entre ellas, que el Sol entre los demás planetas, que mediante él, cada uno nos comunica su luz e influencia. Cicerón, dice: «Es principal virtud».

Quien repara el mal pequeño, no lo ve grande. Asegurar lo adquirido
Pues siendo así, con ella reparará los males pequeños, por no verlos grandes y dañosos. Y con ella mire como abraza las empresas de importancia y el tiempo que cada una ha menester, sin embalumarse en muchas, arraigándose primero en la que una vez emprendiere y conquistare y hubiere adquirido, porque de otra manera dará con el edificio en tierra.

Tomar consejo sin dilatar la obra Con ella tomará consejo de sus soldados más baquianos o prácticos, no dilatando la ejecución de la obra, porque si se detiene un punto, perderá la ocasión, porque la prevención ha de andar a la par con los movimientos, y síguese que en la ejecución ha de ser un rayo, con ella pondrá el pecho al trabajo y peligro, porque si le huye, le cercarán un millón de ellos, y le pondrán en demasiado aprieto.

No se muestre parcial el caudillo
Con ella pondrá el pecho a cualquier alboroto y se excusará de mostrarse parcial, más con unos que con otros, porque engendrará un motín en el aire que venga a parir un alzamiento que sea causa de la pérdida de él y de todos.

Nadie se fíe de amigo reconciliado
Con ella no se fiará de nadie, porque el más amigo suele hacer la herida, si en algo está ofendido, como se ha visto en aquellas partes en alzamiento y muertes que se han hecho.

Con ella se excusará de encargar la obra a quien declaradamente la hubiere contradicho.

No se asegure la paz para dejar las armas
Con ella mire cómo se asegura de la paz y no le obligue a dejar las armas de las manos.

Prudencia es conocer el tiempo
Con ella sepa obedecer al tiempo y también aprovecharse de él.

Quien sabe hacer gente, con pocos habrá hecho muchos
Con ella sepa hacer su gente y escogerla, porque no es obra que se puede hacer dos veces, porque valen más cincuenta soldados que doscientos y más en aquellas partes, con cuidado de conservar al amigo y desfallecer al enemigo.

Con ella sepa marchar sin hacer guerra en la tierra de paz.

Quien con prudencia funda, asegura su hecho
Y con ella sepa asentar la paz en la tierra de guerra y a su tiempo poblarla y repartirla sin agraviar a nadie, conservando entrambas repúblicas, que quien con prudencia funda, asegura lo que acrecienta.

Inquietar al enemigo y disciplinar al amigo. Quien sabe gozar del triunfo obliga al enemigo. Preferido es el prudente al robusto
Con ella aquietará al amigo, trabajando y disciplinando su gente, sin dejarlos hacerse ovachones y flojos: con ella inquietará al enemigo, con saber gozar del triunfo y victoria; y por otra parte, obligando a los vencidos con buenas obras: con ella se escudará contra todas adversidades, como dice Focideles, que ha de ser preferido el varón prudente al robusto, porque con fortaleza previene los casos presentes y porvenir.

La experiencia es suficiente a hacer arte
Con ella se sabrá aprovechar de la experiencia ajena, obrando también con la suya lo que nuevamente descubriere, que como dice Aristóteles, ella sola es suficiente a hacer arte y a causar conocimiento de las cosas universales.

De cuánta consideración será a nuestro caudillo ser afable

Siendo afable un caudillo, se conserva. En los señores se halla la afabilidad. En gente baja se halla la malacrianza
También es de muy gran consideración que nuestro caudillo y capitán sea afable con sus soldados, pues no tiene en sí un hombre cosa mejor que ser afable y bien criado para su conservación, con que arrebata y lleva tras sí los corazones de todos: y los que tuvieren buen entendimiento y discreción, lo deben usar a todo tiempo; y así esto se ve más en los mayores príncipes y señores que en la gente baja, en los cuales hallaremos la soberbia, la mala crianza, la hinchazón, la pompa y desvanecimiento cuando se ven con alguna dignidad, por donde jamás tienen buena ejecución en sus intentos, ni cobran buen nombre; y si tienen alguna falta, aunque haya pasado muchos años atrás, se la refrescan y descubren, demás que le pierden el respeto y por su culpa pierden padres y abuelos.

El padre debe mostrar al hijo ser bien criado
Una de las cosas más importantes que el padre debe imprimir en el hijo, es, mostrarle buena crianza y afabilidad, porque yo para mí pienso que es escala para granjear las voluntades y subir siempre a mayor puesto y dignidad y conservar el que tuviere: y si a esto están obligados todo género de gentes, con cuánta más razón lo debe estar nuestro caudillo en aquellas partes donde el soldado piensa ser tan bueno y mejor que él y donde la justicia aún no tiene bien conocidos sus límites y jurisdicción por ser la tierra tan nueva: y de aquí viene que cada uno tiene la estimación que quiere tomar. Y si el tal caudillo no tuviere las partes dichas, no hará soldados aunque más rompa las cajas, pues sabemos que en la milicia indiana, al soldado no le obliga necesidad a ir a jornada ninguna, porque no hay soldado por triste que sea que no tenga y alcance caballo y silla, un vestido y una frazada en que dormir y quien le dé de comer: y si el tal caudillo hallare soldados que le sigan, les obligará el amor y amistad por su afabilidad.

Plinio dice que para tener buenos sucesos, es necesario ser afable el hombre
Plinio dice que para que los negocios tengan prósperos sucesos, es necesaria esta parte, y aunque es verdad que los caudillos gastan mucho dinero en aviados y en prevenciones de su jornada, no gastan nada, en comparación de lo mucho que gastaran, si hubieran de pagar enteramente a su gente, como lo hacen en Italia.

Lo que falta en la paga al soldado, es bien le sobre en el tratamiento
Y aunque es verdad que a un soldado en Indias se le da más que a diez en —Italia, regulando el gasto y la carestía de las tierras, recibe menos: y así queda probado que gastan más cien soldados en aquellas partes que mil en Italia, y con esto aún no se les paga enteramente: pues dónde o cómo podría hacer este gasto un caudillo, que ni es ayudado de la caja Real, ni tiene recompensa que le suelde el gasto que hace, y así lo que falta en la paga, debe sobrar en el buen tratamiento y afabilidad, para que le sigan con amor y saque fruto y no pierda el tiempo y gasto.

Ejemplo de Marco Catón. Por falta de afabilidad han sucedido alzamientos y otros daños
Marco Catón sabemos trataba tan afablemente con su gente, que comía y bebía con ellos por ganarles las voluntades, y particularmente hacía esto con los de su galera, que, como hemos visto, de no seguir este camino, se han engendrado muchos alzamientos y desbaratádose muchos campos, y perdido innumerables ocasiones; y cuando esto no haya, sucede estando la tierra poblada y entablada, derribarle enemigos, que por ellos hemos visto mil muertes de valerosos capitanes y derribándose otros del puesto en que sus obras los tenían colocados.

Enemigos descompusieron los Colones. La afabilidad resplandeció mucho en Hernando Cortés

A ejemplo de esto bastará traer a la memoria aquellos valerosos Colones que por su discurso y valor descubrieron otro Nuevo Mundo, ilustrando y enriqueciendo tanto nuestra España, pues siendo así que hicieron tan notables servicios y teniendo la gobernación con título de virrey, enemigos fueron bastantes a descomponerlos, y si les tuvieran amor se sustentaran, como le sucedió al buen marqués del Valle, Hernando Cortés, que se lo tuvo siempre todo su campo. Y para prueba de esto baste lo que le sucedió con Pánfilo de Narváez, causado del amor que le tenían sus Soldados y el mucho crédito que tenía en los ajenos por su afabilidad.

Alejandro Magno fue muy afable con sus soldados

De Alejandro Magno se dice que estando sentado a la lumbre, pasó un soldado suyo penetrado de frío, y como le vio le llamó y le hizo sentar en su propia silla para que se calentase y le dijo: «Si fueras de Persia te costara la vida, más siendo Macedonio bien se permite». Palabras dignas de tal príncipe. Yo conozco que el famoso capitán tiene necesidad de la fortaleza de ánimo, de la prudencia en sus negocios, de la severidad para mandar, de la ventura en sus obras, de la ciencia y práctica en la milicia, con las demás partes que unas de otras penden, como queda dicho y adelante se dirá. Pero para que estas partes y excelencias tengan cada una su silla desocupada y del invido diente segura, conviene arrojar delante aquel salvoconducto del amor, que se engendra de la crianza y afabilidad, que con estas dos cosas cuesta después muy poco trabajo de sustentarse en sana paz.

Amor que tenían los soldados al marqués de Pescara

Así que el caudillo indiano, a quien se endereza nuestro blanco, tendrá gran cuidado de granjear los soldados con obras y palabras, porque después de tan innumerables trabajos como pasan, qué premio les queda que supla alguna parte de la grande desventura que padecen; pues les cuesta poco honrar su gente y con esto le respetarán y es lo que más obliga al soldado a pelear aliado de su caudillo hasta morir, como se echó de ver en lo de Pavía, cuando la prisión del rey Francisco, lo mucho que pelearon algunos soldados por el amor que al marqués de Pescara tenían: y particularmente lo mostró bien uno que habiendo sido herido dos veces y retirado y queriéndose morir pidió le llamasen al marqués para pedirle perdón de la falta que le hacía en tal aprieto. Tal amor como éste habían de granjear los caudillos en la milicia indiana de sus soldados y con más razón, pues sabemos que no van ni los siguen en las guerras por interés señalado, ni lo estiman.

Cuánto importa ser determinado nuestro caudillo

Dicho de Julio César
Al atrevido favorece la fortuna. Julio César solía decir que las cosas grandes y peligrosas se debían acometer sin mucha consideración de las dificultades que en ellas se pueden ofrecer, pues de ellas produce gloria y nombre, que es el premio de los trabajos; pero yo quiero entender que son aquellas cosas que, faltas de todo remedio, se deben dejar a la fortuna embidando todo el resto del valor y ánimo sin mostrar género de temor.

Con prudencia y buen orden se alcanza la victoria
Muchos capitanes con determinación, junto con prudencia y buen orden, hubieron victorias con poca gente de muy grandes ejércitos mal ordenados.

Acometimiento de Alejandro Magno
Alejandro Magno cuando acometió en Asia tan gran número de gente, bien poco y chico era el número que llevaba.

La determinación acobarda al indio
Los caudillos en Indias deben usar mucho de esta determinación, porque se hallarán abarrancados a cada paso; y porque para con los indios ninguna cosa más les acobarda, como gente bárbara, que es ver una buena determinación, aunque el número de gente sea poco y el suyo en grandeza muy desigual, que parece que naturalmente reconocen respeto a los españoles; y hemos visto que lo que más han usado de ella, por la mayor parte, han salido bien de sus acometimientos.

A los indios falta prudencia y ánimo
A los indios les falta prudencia y fortaleza de ánimo, que son dos columnas sobre que estriba la guerra, y solo se gobiernan por la fortaleza corporal y apetito y lo uno y lo otro tiene límites breves.

Victoria de Francisco Pizarra
Bien podría traer a la memoria ejemplos de muy muchos caudillos valerosos y determinados que han alcanzado victorias con muy pocos soldados, de gran número de indios que cabían a quinientos por uno; pero solo diré de algunos que no se puede excusar, como es de Francisco Pizarra cuando sobre Cajamarca esperó la batalla que Atahualpa le dio, de que alcanzó la victoria y le prendió con tan poco número de gente respecto del suyo.

Victoria de Hernando Cortés
Y Hernando Cortés con menos de mil infantes, rindió un tan grande imperio como el de la Nueva España, causado todo de la determinación.

Victoria de don Gonzalo Ximénez
Pues don Gonzalo Ximénez de Quesada con ciento sesenta españoles ganó y rindió el Nuevo Reino de Granada. Adviertan nuestros caudillos que la determinación les importa mucho para la milicia de que se trata, que sin ella no alcanzarán victorias célebres, ni conseguirán buenos efectos, antes correrán riesgo sus jornadas.

Las restantes partes que se le añade a nuestro caudillo, por ser convenientes a la milicia de que se trata, diremos brevemente

La dicha es muy importante
Aunque es verdad que se le han dado las partes convenientes para que sus descubrimientos y jornadas de todo punto tengan buen suceso, como tenemos dicho en los capítulos de atrás, parecióme aplicarle las demás partes referidas, que a mi parecer son necesarias, como es ser dichoso, secreto, cauteloso, ingenioso, honesto; las cuales partes son tan provechosas cuanto cada uno podrá pensar para la disposición de sus obras, pues así es que nuestro caudillo las ha menester; y particularmente tener dicha para salir con lo que intentare, porque sin ella no hay caso que tenga acabado y perfecto remate, sino quebradizo y mohíno.

No por ser un caudillo desgraciado desmerece haciendo el deber
Y aunque es verdad que no se debe tener por falta ser un caudillo desgraciado en los sucesos, acometiéndolos con determinación y las demás partes con que la debe acompañar, que para tener dichosos sucesos, ni el arte ni la experiencia lo enseñan: bien que el que tuviere más partes está más cerca de acertar y cobrar nombre de dichoso: y cuando esto le falte, no desmerece el nombre de buen caudillo, pero es de consideración que sea dichoso, porque debajo de serlo, los soldados no temen tormenta, ni rehúsan encuentro alguno, que les parece que su caudillo tiene la fortuna por la mano, que es como cuando un: dichoso médico tiene ganado nombre en la república, que con la fe que le tienen se levanta el enfermo de la cama, siendo todo salud lo que le aplica: y así se debe en la elección considerar esta circunstancia por los muchos provechos que acarrea.

Opinión de César
César decía ser necesaria la buena dicha en todas las cosas y más en los reencuentros de enemigos, por ser tan varios los sucesos de la guerra, que por grande que sea un escuadrón, no puede tener seguridad de victoria; y así el que con solo favor de virtud alcanza buen fin de su intento

y demanda, debe de ser muy a su costa y riesgo; tanto y más que el provecho que saca del vencimiento: pero ayudado de la buena dicha o fortuna, colmará la medida del deseo.

Los romanos hacían templos a la Fortuna

Los romanos veneraban tanto la Fortuna, que la adoraban por diosa, edificándole muchos y varios templos. Y el capitán, que era bien afortunado, le estimaban y honraban con gran cuidado por lo que les importaba serlo.

Fortuna de Pompeyo

Pompeyo, ayudado de la fortuna, venció con muy poco daño de los suyos, innumerables y grandes ejércitos.

Fortuna de Julio César

De Julio César se conoció siempre esta buena dicha y fortuna, y él propio se jactaba de ella, como lo hizo en Brindis, cuando lo del barquero que corriendo fortuna y viéndose temeroso le dijo: «No temas, que contigo va la ventura de César».

La buena dicha viene del cielo

Esta buena dicha viene del cielo y la da Dios a quien es servido en los negocios, ora sea por la virtud del capitán, ora por la de la república, ora por la del príncipe, son secretos juicios suyos.

Dicha de Hernando Cortés

Pues quien considerare a Hernando Cortés en tanto estrecho en la Nueva España, hallárale dichoso en llegar a tiempo Pánfilo de Narváez, con que rehízo su campo: y en acudirle los tlascaltecas, favoreciendo su bando, socorriéndole Dios por estos dos caminos.

Fortuna de don Gonzalo Ximénez

También quien considerase la buena fortuna de don Gonzalo Ximénez de Quesada, hallarle ha dichoso, cuando descubrió el Nuevo Reino de Granada por dejar el río de Carare sobre mano derecha, abriendo camino hasta el reino, que aunque halló indios, le salieron de paz, por ser gente doméstica y le acogieron y dieron de sus mantenimientos; y si acertara a dejar el río sobre la mano izquierda era imposible escapar nadie, así por la maleza de la tierra como por la gran copia de indios belicosos y yerba de veinticuatro horas de que usan: ésta fue dicha enviada del cielo; y todos los demás acaecimientos de aquellas partes andan por la mayor parte acompañados de buena dicha más que de fuerza de ciencia.

Cuando se eligiere el caudillo, se debe considerar la dicha que tiene

Y esta parte es de consideración cuando se eligiere el caudillo a quien se le cometieren conquistas dificultosas, porque prometerá su buena dicha dar buen fin de ellas.

El secreto nunca dañó. Opinión de San Agustín

El secreto es de muy gran provecho al capitán para que la cosa intentada no tenga estropiezos y estorbos en el camino en tiempo que se espera la ejecución de ella, y así no se debe revelar a nadie el secreto que fuere de importancia, si no fuere de muy gran fuerza que, como dice San Agustín, el secreto que a más de uno se manifiesta, bien se puede juzgar por divulgado: y nuestro caudillo en aquellas partes y conquistas, debe vivir con gran recato de no manifestar lo que tuviere en el pecho, así por el riesgo que corre su persona y toda su gente, como lo correrá él asimismo con la gente de su campo.

La estimación en que los romanos ponían el secreto

Los romanos, en una de sus banderas, traían un Minotauro metido en el laberinto, dando a entender que los secretos de los capitanes han de ser tan encubiertos como fue el secreto del laberinto; porque esta parte, así en los casos de guerra como en los de paz, importa mucho, porque facilita la ejecución de los designios y el manejo de las empresas; que las cosas descubiertas tienen grandes azares y dificultades. Pero si el caudillo no es tan práctico que solo sepa resolverlo y ejecutarlo; lo comunicará con persona de su condición; porque no puede durar mucho el secreto entre nosotros.

Tiberio se preciaba mucho del secreto. Rebelión de Nápoles
Tiberio César, de ninguna cosa más se preciaba que de ser secreto. Nápoles se rebeló estando don Alfonso, duque de Calabria, en Lombardía, por el castigo que pensaba hacer, vuelto que fuera, y si no revelara este secreto, no lo supieran en Nápoles ni tal sucediera. Y sepa quien no guardare el secreto que da armas al enemigo con que le mate y ofenda.

Será cauteloso nuestro caudillo
No menos le conviene a nuestro caudillo ser cauteloso, que anima mucho al soldado, por parecerle que el enemigo no le alcanza el intento y que las ocasiones que él emprendiere serán con gran seguro, sin ser precipitado ni arrojadizo, arriesgando mallas vidas de los suyos. La cautela desfallece al enemigo y le obliga a consideración y amistad, y así los ardides de que usare el caudillo en sus guazavaras y reencuentros, sean con cautela. También las ha menester para entretener sus soldados en tan grandes trabajos y riesgos; y con ella reciba la paz del contrario, porque siempre la han dado y la dan con cautela; será bien la entienda y contramine por excusarse del daño que el enemigo le puede hacer. Háse de guardar el caudillo cautelosamente marchando con su campo, así en el paso del río, como en otros de riesgo, fortaleciéndose, echando sus emboscadas y guardándose de ellas; y si vinieren a las manos, representar la batalla o guazavara, mejorándose en el sitio.

Será ingenioso el caudillo
Aunque el ser ingenioso nuestro caudillo se pudiera excusar en parte, por las pocas fábricas que en esta milicia tiene que hacer en fortificaciones de castillos, minas o contraminas, y otras máquinas de fuego, no deja de tener necesidad de serlo, porque siempre se ofrece en qué poder cultivar el ingenio y tener necesidad de él, porque como sean las Indias tierra de tantos ríos caudalosos y tan diferentes, por momentos se le ofrecerá haber de hacer las balsas y las puentes nunca imaginadas y el barco y la

canoa, donde muchas veces se hallará sin género de materiales y con su industria e ingenio, fabricará para suplir la falta de aquellas cosas que, al parecer humano, sin ellas no se puede hacer la tal obra, como adelante se verá; demás de esto, en un millón de cosas que se le irán ofreciendo por los caminos por donde fuere haciendo fuertes para recogerse y resistir al enemigo y a su furia, que el primer ímpetu es grande.

Será honesto el caudillo
Pues el ser honesto en todos sus tratos y pláticas, cosa conveniente es, pues ha de ser ejemplo de todos sus soldados huyendo de conversaciones deshonestas y ociosas, que es una cosa que descompone mucho la autoridad y respeto, porque no hay cosa por donde el soldado más presto lo pierda, y así debe apartarse de serlo, mayormente en estar amancebado, porque, después de ser dañoso para el alma, anda en mucho peligro el cuerpo y todo en lo que pusiere mano se lo deshará, porque quien anda en pecado mortal, es cierto tendrá malos sucesos y el soldado le perderá el respeto que le debe, conque en toda cosa tendrá mal fin.

Libro segundo en que se advierte el modo de hacer soldados y prevenir sacerdotes, medicinas, armas, municiones, herramientas y matalotaje

Prevenciones para hacer soldados
Ninguna fábrica se ha hecho hoy en el mundo ni tratado de hacer, que primero que se comience el edificio no se trate qué cimiento será conveniente y más a propósito para que dure, consultándose con los artífices; y después los que inventan la obra, se arrojen con ánimo determinado, teniendo cierto salir con su edificio. Pues yo quiero primero considerar que el príncipe ha hecho buena elección, como es necesario a su Real servicio, cimentando esta milicia y eligiendo gobernador y capitán general a propósito: y él asimismo ha sabido elegir capitán y caudillo cual convenga, para que el edificio y máquina de que se tratare en esta milicia, no dé en tierra, porque si no se acierta esta elección, será de ninguna consideración, preceptos y avisos, y yo me habré cansado, porque para elegir basta tener teórica: pero el capitán general y su caudillo que han de rodear la masa entre las manos, tienen necesidad de fuerza de práctica. Pues considerado que esto está en su punto, digo, que nuestro caudillo, antes que tienda bandera y toque caja, considerará los amigos que tiene más a propósito de su intento, con los cuales tratará su negocio con un poco de cuidado hasta en tanto que haya descubierto el fondo de sus pechos y ellos hayan metido prendas amparando la tal jornada, porque cada uno por su parte tienda la red y levante los ánimos de sus amigos de manera que cuando arbolé bandera esté casi hecha la gente de secreto, porque haya quien dé buen nombre a la jornada, nombrando a sus oficiales entre las personas más diligentes, los cuales se nombrarán conforme a la cantidad que hubiere de hacer y la ocasión demandare.

Oficiales para la conquista
Si fuere jornada de nueva conquista y el gobernador y capitán general se moviere a ella, nombrará su teniente general y maestre de campo, capitanes, y sargento mayor, alférez general y alguacil mayor del campo, y de tal manera sea el número de los capitanes, que quepan a cincuenta

soldados, pues es número tan bastante en esta milicia como en la de Italia, doscientos.

Necesaria es la gente baquiana. Soldados chapetones corren riesgo

Si fuere jornada para algún socorro, castigo o pacificación o reedificación, nombrará su caudillo, el cual nombrará su alférez y sargento y hará la gente necesaria con cuidado y, si fuere posible, sea toda gente diestra y baquiana, porque será de gran inconveniente llevar gente chapetona, así para el mismo soldado, como para el caudillo, porque como no están hechos a la constelación de la tierra, ni a los mantenimientos de ella, enferman y mueren, y con esto el caudillo pierde su hecho y se desbarata, lo que después de reducidos a la constelación, fácilmente con la disciplina y escuela de un buen caudillo, en breve tiempo son muy buenos soldados.

No se debe admitir bubosos en esta milicia

También debe guardar no llevar gente enferma y conocidamente bubasa, por los muchos ríos y pantanos que hay, y el haber de andar casi siempre mojados, que por muy baquianos que sean, no serán de provecho.

Edad del soldado

Advierta también de no llevar soldados de cincuenta años arriba ni de quince abajo, por ser el trabajo insoportable.

Hombres gordos no son de provecho

Ha de guardarse de recibir hombres gordos y torpes, porque no son de provecho para andar a pie y sustentar el trabajo.

No se debe recibir soldado inquieto

Huirá de soldados inquietos, porque más le importará entrar en su jornada con diez menos, que llevar en su campo quien se lo revuelva y amotine, que estos tales causan un alzamiento o motín cuando más seguro piensa que está, sino le fuere fuerza recibir alguno por pender de algunos buenos soldados, como suele suceder; pero de tal manera y artificio se habrá con él y granjeará y prenderá a los que por su mano fueren hechos, que ellos mismos gusten de que le echen y despidan en ocasión que no tenga lugar de hacer daño, inquietando ánimos sosegados, que con esta prevención excusará motines en su campo y él se excusará de ahorcar a nadie, que es gran desdicha de un caudillo en aquellas partes necesitarse hacerlo, por los inconvenientes que de ello resultan, como adelante diremos. Ha de excusarse de llevar gente cobarde a su campo por el daño que de ello resulta. Los valerosos capitanes han estimado siempre más el valor que la muchedumbre.

Alejandro Magno sujetó a Oriente con gente muy poca
Alejandro Magno con 30.000 infantes y 4.000 caballos sujetó todo Oriente.

Aníbal despedía los soldados inútiles
Aníbal, pasando a Italia, despidió 7.000 españoles por haberles sentido algún temor, juzgando que llevándolos antes dañarían que aprovecharían.

Juan de Médicis escogía los soldados de ordinario
Juan de Médicis, con los soldados que siempre escogía, ilustró mucho la milicia italiana.

Mujeres no se deben llevar en las jornadas
También le aconsejo a nuestro caudillo excuse de llevar mujeres para el servicio de sus soldados, sino fuere yendo a poblar, porque en todas las demás ocasiones es un cojijo grande y trabajo incomportable que con, ellas se pasa en el camino, demás de la inquietud del campo y la enfermedad que acarrean al soldado, pues donde no hay salud no hay fuerza. También son de muy gran estorbo al marchar, a cuya causa se han dejado de hacer muy buenos efectos; y para ejemplo de esto y obligar al soldado a que no la lleve, ha de comenzar por sí, persuadiéndolos a ello por el peligro que conocidamente corren, por su flaqueza, por no poder sustentar el trabajo: demás de esto, son causa de alborotos y muertes, como ya se ha visto muchas veces.

Prevención de sacerdotes

Los sacerdotes han de ser reverenciados

Ya hemos dicho el cuidado que nuestro caudillo debe tener en prevenir y hacer su gente, y ahora será bien tratemos la necesidad que tiene de llevar consigo sacerdote para la disposición y buen suceso de su jornada y consuelo de su campo: el cual conviene sea de buena edad, para que pueda sobrellevar cualquier infortunio y trabajo, y sobre todo, que sea virtuoso y dé buen ejemplo: y a mi parecer son más acomodados frailes, aunque en esto se ha de caminar con la devoción que cada uno tuviere, yendo prevenido de ornamentos y las demás cosas del culto divino. Y el tal sacerdote llevará, si se fuere a poblar, nombramiento del ordinario, para tomar la posesión de las iglesias y doctrinas que se fueren haciendo y que, como cura y vicario, administre los sacramentos y conozca de los delitos en que tuviere jurisdicción, a quien el caudillo tendrá particular cuidado de hacer toda reverencia y que los soldados la hagan y guarden todo respeto; y haciéndolo el caudillo en todos los actos públicos, será ejemplo para que los demás le imiten, y al que no lo hiciere, será justo el castigo. Pero veo tan perdido este respeto en muchos caudillos que siguen esta milicia, que así los tratan como si fueran soldados muy ordinarios, atropellándolos en ocasiones muy ligeras, como si tuvieran jurisdicción sobre ellos y como si fuesen soldados: y aunque lo parecen en ser participantes en los trabajos, no se deben tener en esa cuenta, pues son medianeros entre Dios y el hombre y restauradores de las almas; pues si se reverencia a quien cura del cuerpo, cuanto más y con más cuidado se debe a quien cura del alma y a quien Dios llama sus Cristos, mandando no lleguen a ellos. Lo cual guardó mal un caudillo en cierta jornada, cuyo nombre no es para en este lugar, que yendo marchando con su gente en demanda de la tierra que buscaba, supo que el fraile capellán que llevaba, trataba de amotinar algunos soldados para salirse con ellos a tierra de paz, le echó mano y al pie de un árbol le hizo hincar de rodillas y poniéndole un cordel a la garganta y un garrote, mandó le diesen vuelta para ahogarle, no hubo quien lo quisiese hacer ni osase cometer semejante caso: y en el entretanto que esto pasaba, el bueno del fraile, con muchas lágrimas le pedía y suplicaba mirase y considerásé que era sacerdote, que cuando fuera verdad lo que se le imputaba, se le debía perdonar y remitir y no quitarle la vida tan áspera y repentinamente; y aunque se mostró durísimo y cruel, las persuasiones de la gente, de su campo le ablandaron y le soltó; y dentro de pocos días nuestro fraile, con licencia del mismo caudillo, se salió de la tierra.

Milagro
El día que esto pasó dicen los soldados suyos, sucedió un caso tan peregrino, que se atribuyó a milagro. Y fue que estando alojado su campo a la orilla de una quebrada, que llamamos arroyo, en donde todos tenían abundantísima agua, se secó de tal manera que, para poder beber un soldado, no se hallaba, caso que a todos puso espanto. ¡Oh, secreto juicio de. Dios, que así quiso mostrar que estaba ofendido, por lo que se había cometido, prometiendo adelante castigo, si con lágrimas el pecador no tornaba a henchir y volver las aguas a su corriente con la contrición! ¡Oh, grandeza de Dios que a unos les das agua en las entrañas del pedernal y en la quijada de un animal y a otros se la escondes y retiras de sus propias venas y natural curso. Paréceme a mí que no se podía esperar en aquella jornada cosa que fuese acertada ni que tuviese buen fin.

El respeto que tenía el marqués del Valle a los sacerdotes. Ejemplo muy digno de imitar
¡Oh, buen marqués del Valle, cuán bien supiste agradar a Dios, de cuya mano recibiste el premio en este mundo y en el otro, según nuestra fe; y bien concertó tu sobrenombre de Cortés con las obras, pues también lo fueron en reverenciar a Dios y sus ministros así entre nosotros como entre los indios naturales, en quien quedó estampada, que hoy dura y durará aquel respeto que tienen a los sacerdotes, pues por los caminos, yendo cargados con sus cargas, las sueltan, hincando las rodillas en el suelo para besarles la mano, y esto hacen tan de ordinario y está entre ellos tan recibido, que aunque estén ocupados en sus sementeras y labores, lo dejan todo y acuden a ello y lo tienen por grande honra, aprendiendo de tal maestro que después de mostrarse tan gran guerrero y tan valeroso, se mostró tan cristiano, dando doctrina en general a entrambas repúblicas,

que todas las veces que topaba con un sacerdote se apeaba para besarle la mano, metiendo por el suelo la rodilla, por cuya reverencia le pagó Dios haciéndole tan bien afortunado, rindiéndole a sus pies tan gran número de gente, reyes y señores con tan grandes riquezas, dándole título de marqués, con tan gran nombre y tantas victorias, ayudado del bienaventurado señor Santiago, patrón nuestro; y quien esto mereció, merece estar puesto con los de la fama, la cual tiene bien extendida por todo el mundo, al cual deben de seguir todos los caudillos así en el valor como en reverenciar los sacerdotes!

Cuidado del caudillo con su gente y campo en el servicio de Dios
Dejando esto a la consideración de cada uno, me vuelvo a mi camino y digo, que el caudillo llevará en su camarada y rancho al tal sacerdote, así para su regalo como para que todos le respeten: hará decir la Salve todos los días, aunque vaya caminando y que su gente se confiese a su tiempo y que en esto haya mucha cuenta. Evitará a los soldados que no juren, ni blasfemen y en esto se esmerará en castigarlo.

Cuidado que el caudillo tendrá en atraer los indios a nuestra fe
Tendrá gran cuidado asimismo, cuando den la paz los indios, que el sacerdote trabaje con los mayores caciques reciban el Santo Bautismo, inclinándolos con la predicación y otras cosas santas para que se muevan, honrando mucho a los que le recibieren, acariciándolos y regalándolos; y a algunos de los más principales sentará el caudillo a su mesa con algunas ceremonias y demostración que por ser cristianos se les hacen aquellas caricias, para que con este cebo se vayan inclinando los demás.

Mas hay algunos sacerdotes tan escrupulosos en bautizar sin que estén catequizados, que algunas veces causan daño: yo confieso que ha de ser así pero con los más principales y señores se debe dispensar, porque metan prenda y se vayan aquerenciando con nosotros, que si los trabajasen en el catecismo, sean tan bárbaros que se enfadarán y retirarán y cada caudillo trabajará de aventajarse en este ejercicio.

Prevención de medicinas y aplicación de ellas
No menos cuidado debe tener el caudillo en la prevención de las medicinas y cirujano para las curas de sus soldados en las enfermedades y heridas que en las tales jornadas por momentos sucede, que con el cuidado y buena prevención se ataja todo mal y riesgo.

Cuanto a lo primero, llevará el cirujano algunas purgas leves, como son, Mechoacan, aceite de higuerilla y otras yerbas y raíces conocidas para tal efecto: llevará flor de manzanilla, tabaco, azúcar, anime: llevará solimán crudo, cardenillo y yerba de bubas, bálsamo, alumbre, diaquilón, sebo, bencenuco, azufre, piedra de Buga, piedra bezar, caraña, ungüento blanco, atriarca, y su estuche con todo recado; de las cuales cosas debe usar con el menos compuesto que pudiere, porque han de ser curas breves por la poca comodidad que para ello tendrán y para aplicar las medicinas convenientes, diré las enfermedades que más de ordinario sobrevienen en las tales jornadas., Primeramente heridas de yerba y sin ella, resfriados, fiebres, llagas, cámaras, hinchazones, picaduras de rayas, fuego, yerbas ponzoñosas en la comida, empeines, dolor de ijada, mal de ojos, dolor de oídos, dolores de cabeza, dolores en el cuerpo, bazo, mal de muelas, apretamiento de pecho, la del monte. Ya que se han dicho las enfermedades, será bien que el cirujano con mucha diligencia, o la persona que la hubiere de hacer, les aplique el remedio aquí referido.

Si fuere herida de yerba, lo mejor y más seguro es cortar toda la carne que comprendió la herida; y advierta que esta cura ha de ser con la mayor presteza que posible fuere; y para esto, suelen los caudillos que son diestros, mandar al cirujano traer de ordinario en la faltriquera un anzuelo y una navaja, para con el anzuelo alzar la carne y con la navaja cortarla, como es justo se haga, advirtiendo en no cortar los nervios los cuales después de descarnados, si la herida entre ellos cayere, se raerán con la uña y limpiarán luego para que no queden inficionados de la yerba, que esto saben bien hacerlo los indios amigos. Y para esta cura llevará hecha una masa de harina de maíz tostado y de pólvora, sal y ceniza y carbón: y de esta masa, conforme al hueco de la herida, hará una pelota y la meterá dentro y vendará, que por mucha sangre que salga de (las) venas que le hubieren cortado, cabecearán y estancará luego la sangre: y si debajo de esta pelota y masa metiere otra pequeña de sebo y solimán crudo, echando las cuatro partes de sebo, de todo punto se acertará la cura, porque la una restringe la sangre y la otra mata el veneno que por, la misma vía que camina la yerba, el solimán mezclado con el sebo sigue con tanta y mayor violencia y la alcanza y mata: y reparado con esta cura advertirá a darle la triaca, y si faltare es bueno el zumo del bencenuco: también es escogida triaca una almeja de río molida y desleída en agua o chicha: también es bueno el zumo de cogollos de guamas. El Ambire de Santa Marta es escogida cosa, con que sea cosa poca lo que se bebiere, porque es grande su fortaleza. Todas estas cosas son admirables contra las yerbas y también lo es el zumo de la raíz del cordoncillo; y cuando todo faltare, remítanse a la triaca ordinaria que es aprobada. Advertirán asimismo que el herido no beba gota de agua, porque degüella, y de tal manera, que estando bebiendo suelen expirar, y para reparar la sed le darán unas mazamorras de harina de maíz muy ralas, que se dicen poleadas, que éstas sirven de bebida y comida, y que no coma otra cosa en más tiempo de veinte días. También le darán algunos buenos olores para la retentiva del cremento del culebra. La piedra bezar es buena y si la hubiere usará de ella. Y adviértase que si no hay esta cuenta con el herido, morirá rabiando.

Bizarría de un soldado
Y pues viene a propósito, contaré un caso que me certificaron, de dos soldados que estaban heridos de yerba en la ciudad de Mariquita que los retiraron de la guerra de Guali, que el uno se llamaba Antonio de Herrera, natural de Plasencia en estas partes, que por su bizarría le llamaron el bravo español, estando cada uno en su cama en un mismo aposento, el compañero estaba tan lastimoso y se quejaba tanto con intolerable rabia, que el bravo español, estando en la misma agonía, se levantó de su cama y se fue a la del amigo, animándole y reprendiéndole con muy ásperas palabras, como si él estuviera para tomar las armas, diciéndole que con semejantes soldados no se conquistaba el mundo, animándole y adobándole y componiéndole la cama y revolviéndole de una parte a otra, con la mayor bizarría y arrogancia le dijo: ¿Estáis bien? y respondiéndole que sí,

le volvió a decir: Pues quedaos con Dios y él os dé esfuerzo y vida, que yo me voy a morir, y tornándose a su cama, luego al instante expiró y otro día siguiente murió el amigo. Esta calidad tiene la yerba que hablando y rabiando acaban.

Vamos a las heridas sin yerba, las cuales se quemarán con bálsamo, sebo o aceite, y si se fueren desangrando por haberse cortado venas, se use de la masa de maíz atrás dicha, hasta cabeceadas y después usará del tabaco verde machacado. Y en las heridas frescas es buena la: pólvora molida y la piedra de Buga es cosa milagrosa, porque restringe y aprieta y cierra la herida con poca materia, advirtiendo que primero se ha de lavar la herida con agua caliente; y si cayere pasmo en la tal herida, le foguearán en donde sintiere que obra; y si el tal pasmo fuere adelante, el enfermo beberá azufre molido, una cucharada, en miel o en vino o chicha, o en un huevo, habiéndole primero fogueado nuca y pescuezo, untando los fuegos con sebo caliente y han de darse de parte de noche, para mejor conservar el calor; el mismo efecto hará en cualquier dolor de rodilla o espinilla, porque le consume y resuelve.

Ninguna enfermedad es tan ordinaria en el soldado en esta milicia, como el resfriado, porque por momentos padece de él, que como es tierra tan caliente por donde se camina y el soldado anda lo más a pie y como es fuerza el sudar y también es fuerza el beber en todas las quebradas que topa y como llegue tan caluroso y abiertas las carnes, se resfría. Lo propio acontece pasando ríos, o de aguaceros que sobrevienen, que éstos nunca faltan. De estos resfriados se suelen tullir o pasmar o darles algunos dolores; a esto se debe acudir con foguear en la parte que acudiere el dolor y de parte de noche darle su azufre a beber, como queda referido, o darle a beber de agua cocida con manzanilla, una escudilla de ella, echándole miel de abejas al cocer, y esta agua bébala lo más caliente que pudiere y arroparle, que con esto se reparará, usando del tabaco en humo, que esto estorba mucho los resfriados que cualquier exceso puede causar.

En lo que es una fiebre o calentura ya todos están tan diestros, donde no hay médicos, en saber sangrar luego y acomodarse con el jarabe que pueden haber o hacer y dar una purga, que no hay para qué tratar de ello, solo quiero aquí poner un remedio notable para una terciana o cuartana confirmada, y es, que tomarán un pellejo de culebra, de los que se desnudan, y se molerá lo que bastare, y de este polvo pasado por una toquilla en lugar de cedazo y en caldo, vino o chicha, lo beberá el enfermo, lo que importa el peso de una dragina y se arropará, que a tres veces que lo tomare al tiempo que le venga el frío, yo le aseguro con el favor de Dios, rendirá el humor que le causa la fiebre: y cubierta que si el tal enfermo se quisiere purgar levemente, sin tomar purga de propósito y jarabes, haciendo cama, cocerá un poco de tabaco en agua y estando bien teñida, echará un poco de aceite de comer en el agua y revuelto y algo caliente lo beberá, lo que importa media escudilla: esto hará en ayunas y con ello se evacuará por vómito, cólera y flemas de tal manera que quedará purgado. Si padeciere de llagas, hará una masa de sebo y cardenillo y harina de maíz tostado, porque es bueno: también lo son los polvos hechos de cáscaras de los cangrejos: también lo es las hojas de turmas machacadas y calientes: también lo es, polvos del bencenuco, para comer la carne mala: y para criar y encorar, polvos de la yerba de las bubas, teniendo cuidado de lavar las llagas primero con agua muy caliente y curarlas a menudo.

Cámaras de sangre son muy peligrosas en tierra caliente y desfallecen en gran manera si con cuidado no se atajan; y para esto, si son de frío, que es lo más ordinario, se echará una vizma en el estómago, de caraña o anime y beberá polvos de piedra de Buga, en un huevo, vino o chicha o miel, en ayunas, y a falta de esto en agua tres o cuatro mañanas. También es bueno polvos de arrayán y cáscaras de laurel y cáscaras de granada. También es bueno puesto en el estómago, un emplasto hecho de carne de guayaba o membrillo amasado con polvos de romero, yerba buena, incienso y almáciga: este estomaticón es cosa maravillosa para quien tiene relajado el estómago de purgas o vómitos o de otra cualquiera cosa, de que no pueda retener la comida; y si fuere de frío, es bueno foguearse el estómago. También es bueno zumo o polvos de la cáscara de la escobilla bebida; el estiércol de caballo fresco, donde se pudiere haber, es bueno desleído en vino, chicha o caldo: y a falta en agua, colándose para beber, tomándole tres mañanas en ayunas. Advierto que no se han de estancar como den las cámaras, hasta que hayan purgado ocho días.

En dos partes más ordinariamente acaece hinchazones al soldado o en los supinos o en las piernas; si sucediere en los supinos, hará un emplasta de mazamorra de maíz espesa y dejada acedar o revolverla con maszato en otra tanta cantidad, y hecho se lo pondrá; y si hubiere de caminar se pondrá una pampanilla para que no se le caiga ni estorbe. Este emplasto traerá hasta en tanto que hieda mucho, y entonces se lo quitará y con zumo de jagua se los lavará cada día o las veces que más pudiere, con que le aseguro resolverá el humor: y si se pudiere sangrar y purgar primero, mejor sería. Y si se le hincharan las piernas, las lavará de noche con salmuera caliente o agua de la mar, si la alcanzaren: y en estando sujetas las piernas las untará con zumo de jagua, como los indios lo usan.

Estas hinchazones sobrevienen por andar mucho a pie, y después parando algún día, cuelga abajo el humor.

La picadura de la culebra sucede muchas veces por la abundancia que de ellas hay en la tierra caliente y por andar el soldado gran parte del tiempo de noche, que es cuando más anda la culebra, que de día no anda tanto, aunque es más peligrosa por la fuerza del calor, y este riesgo lo corre más el indio de servicio, por ser más continuo en el servicio del campo. Las más ponzoñosas son las de cascabel; el remedio para la picadura es sajarle en la misma picadura con navaja o lanceta para que haga sangre y descubra la carne de dentro y luego se le chupará con un canuto o cornezuelo, al modo que los negros echan las ventosas, y en aquel hueco de la sajadura, que se habrá dado en cruz, se meterá una pelotilla de sebo y polvo de solimán crudo, masado, y se vendará, dándole luego a beber el zumo del cordoncillo o el zumo del bencenuco o las cáscaras de sus raíces hechas polvo y bebidas. También es bueno el zumo de la jagua y una almeja del río molida, tomando en agua una parte de los polvos. Este remedio del solimán y sebo es una cosa peregrina y milagrosa, porque aunque esté muy hinchado el paciente y tomado del veneno, le saca del peligro. También es bueno después de sajada la picadura, puesta una piedra amatista y vendada, pero no es tan segura, y usará el paciente de buenos olores para el decremento.

Cuando se vadean los ríos, si son llanos y arenosos, suelen picar rayas, por haberlas en estas partes de ordinario, que es un dolor tan apresurado que con el tiempo que dura rabia el soldado y da calenturas desatinadas; y su remedio es sajarle la picadura y en agua muy caliente, cuanto lo pueda sufrir meterá el pie y siempre le irán cebando con agua caliente, porque no se enfríe, hasta en tanto que haya quebrado el dolor y luego lo sacará y limpiará y meterá en la sajadura una pelotilla de sebo y solimán, como está dicho en la picadura de culebra. Si el soldado se quemare con fuego de pólvora o de otra manera alguna, tomará jabón y amasado con aceite hará un ungüento y con él se untará mañana y noche hasta que pase los nueve días.

Suelen los indios en las comidas y bebidas que dan, echar algunas yerbas malas y ponzoñosas así en polvo como en zumo y también lo suelen hacer cuando desamparan su población, dejando en las comidas este tóxico y veneno; y en estas comidas, primero que se meta la mano, se debe hacer la prueba, porque como llegan los soldados hambrientos, ha acaecido morir algunos primero que se sienta: el remedio de ello es que, en sintiendo el soldado cualquier dolor u otra descomposición, hacer vómito, provocándose a ello con mascar el tabaco verde o seco y tragarlo; y si antes de esto pudiere beber un jarro de agua más que tibia para que revuelva, lo hará; y hecho el vómito podrá beber aceite y zumo de jagua y esto es bueno.

Y si el soldado acertare a comer alguna yuca brava, en sintiéndose tomado de ella, procure hacer el vómito y luego deshaga una poca de sal en agua, y bébala, con que asegurará el suceso malo.

Si padeciere de empeines y fuere tierra donde hubiere la romaza, con los cogollos de ella que hacen barbaza, se los untará a menudo y verá una cosa maravillosa: y si pudiere hacer un agua de solimán, vinagre y alcaparrosa, se lavará con ello, que también es bueno. También se los untará con cualquier trementina después de haberlos rascado y los polvoreará con azufre molido y pondrá encima algodón escarmenado. También es fácil remedio tomar unas brasas y matarlas de golpe con agua y encima del humo pondrá cualquier cosa de hierro y el sudor de agua que allí se congelare se untará con ello; pero sobre todos estos remedios es el de la romaza.

Si le diere dolor de ijada, tomará unos grillos y los tostará, y molidos muy bien, tomará de ellos con vino o chicha media cucharada y ayudará a tomar el tabaco en humo; y si le acudiere a impedir la orina, tomará unos ajos y los machacará y cocerá con vino y exprimidos lo beberá. También es bueno el caldo de las aceitunas con aceite y caliente beberlo. Advierta que con cualquiera de estos dos bebedizos, se ha de arropar, durmiendo sobre ello.

Si le diere accidente y mal de ojos y fuere de frío o sereno, echará en cada lagrimal un poquito de tabaco molido, sin confección alguna, que aunque le escueza un poco, verá una buena y breve cura. Si fuere de calor el accidente, debe ser sangrado y echará en los ojos unas gotas de lima agria con una pluma que es fresca. También es bueno vino y albayalde desleído, tibio. También es bueno aceite de huevo, desleído en él un grano muy pequeño de cardenillo.

Si le diere dolor de oídos, usará de noche meter unas mechas untadas en bálsamo caliente y no mucho y dormir sobre ello, habiéndose sahumado con el mismo bálsamo. Ya saben todos los soldados o los más que el tabaco en polvo y en humo es bueno para la cabeza y cuando el dolor esté muy confirmado de frío, se frotará con un diente de ajo mondado detrás de las orejas, y siendo de calor, es bueno sahumarse con azúcar echada en unas brasas y recogido aquel humo: y ponerse defensivos en la frente, de vinagre aguado, también es bueno.

Si diere dolor en pierna o brazo o otra parte, causado de humor frío o de golpe y que se le haya alterado, foguearlo y si al segundo día estuviere rebelde y no se rindiere, tomará unos ajos machacados con sebo y hará un emplasto y se lo pondrá en el dolor de parte de noche, el cual no lo podrá sufrir veinticuatro horas y quitado que sea, se fogueará sobre los fuegos, echará una vizma de ánime blando o curaña, o lo que más a mano tuviere y con esto lo vencerá por rebelde que esté el dolor. La vizma más breve y mejor para un dolor, es, untado con miel de abejas virgen caliente y encima poner polvos de mostaza molida y poner su algodón, lana o estopa.

Si padeciere de mal de bazo, beberá sus propios orines con miel, nueve mañanas y en ayunas con un poco de jabón mojado en orines, le frotarán el bazo antes de levantarse los dichos nueve días, y se les deshará de todo punto. También es bueno poner encima un parche de diapalma o diaquilón, calentándolo y tener cuidado de limpiarlo a menudo el agua que fuere sacando.

Si padeciere de mal de muelas, causado de reumas, usará de unos cuescos de aceitunas horadados y puestos al pescuezo en lugar de cuentas de ámbar, que es cosa aprobada; y si pudiere haber cuando mataren algún venado o ciervo, un nervio que le va de la oreja izquierda al corazón, que es del grosor de una cuerda gorda de vihuela, puesto éste en el pescuezo después de seco, es admirable remedio; y si son reumas de frío, mascando el tabaco y quedándose dormido con él entre las muelas, será bastante a quitarle el dolor. También es bueno cortar unos nerviecillos que bajan a las orejas que tirándolas se echan de ver, y luego quemarlos con cosa de oro para cabeceados. Esto se entiende si el dolor no es causado de estar dañada la muela, porque si lo está, lo mejor es sacarla.

Si se le apretare el pecho de frío, es bien foguearle y untarle con sebo, bebiendo de parte de noche el azufre, como queda dicho. Y si fuere el apretamiento de flemones y pujamiento de sangre, se sangrará y de cogollos de zarzamora hará un cocimiento y de aquella agua tomará una escudilla y media de orines y otra media de miel de abejas y tornándolo a hervir hará un jarabe y lo irá bebiendo a tragos y si se acabare irá haciendo otro, lo que necesario fuere, y verá una notable cura.

Si le diere a del monte, tomará un jarro de agua casi hirviendo y la destilarán encima poco a poco, cuanto lo pueda sufrir, y esto será muy a menudo, cuatro o cinco días, y se quitará sin falta con el favor de Dios.

En todas estas heridas y curas, si usare del santo ensalmo, será muy bien, porque con él se han hecho cosas milagrosas. Yo las he hecho muy particulares en mis jornadas; habiendo experimentado todas estas medicinas, algunos sabidas de los indios, como tan grandes herbolarios y otras adquiridas con la experiencia, como cada uno lo hará, descubriendo nuevos medicamentos, siendo nuevo inventor de ellos así con la experiencia como la buena filosofía, para con la salud de sus soldados; que adonde no hay médicos todos podemos tener voto, y aún adonde los hay, por ser simples los medicamentos que aplicamos, sin usar de compuestos, que es cosa que requiere particular estudio.

Prevención de armas

Justo será tratemos ya de lo que hace más a nuestro propósito, pues tanto de él nos hemos alejado, aunque todo ha sido muy importante a nuestra intención, fin y blanco de la milicia indiana y las desventuras y trabajos, hambres y peligros a que están sujetos nuestros españoles. Digamos, pues, el cuidado que nuestro caudillo pondrá en prevenir y proveerse de caballos y armas, haciendo primero lista de sus soldados y saber qué armas tiene cada uno y proveer lo que faltare, teniendo para tal efecto junta alguna parte, de tal manera que después en su jornada no le hagan falta. Supongamos que hay dos maneras de jornadas, una de sabana y tierra rasa y otra de montaña y arcabuco; en la una tierra sirven los caballos y en la otra no, a causa de la aspereza y maleza. En la tierra rasa, que se pueden llevar caballos, se usará de ellos; pero de cualquier manera que sea la jornada, conviene que todos los soldados sean arcabuceros si pudiese ser, porque siéndolo dobla el número de la gente, porque si son ciento, todos ciento hacen efecto, llevando cada uno su rodeleja pequeña a las espaldas, con su fiador o tiracuello para usar de ella cuando se ofrezca ocasión. Asimismo llevará cuatro mosquetes de respeto, más o menos, para un fuerte; los arcabuces serán cortos, porque mejor los puedan rodear a caballo y a pie, porque considerada la distancia que alcanza la flecha o dardo, que es el arma arrojadiza de que usa el enemigo, alcanza más cualquier arcabuz de cuatro palmos y para montañas no son tan embarazosos como largos y estos arcabuces se ha de entender los llevarán los soldados que los supieren tirar o tuvieren afición y los demás que no la tuvieren ni supieren manejar, lleven sus rodelas de buen círculo porque se han de cobijar a sí y al arcabucero que le dieren, no excusándose, como dicho es, el arcabucero de llevar su rodeleja, porque muchas veces se le ofrecerá soltar el arcabuz de las manos, como en el discurso de este libro se verá, y es bien se halle con arma de cobertera. Algunos caudillos tienen una mala costumbre permitiendo que el arcabucero no lleve espada, por el embarazo, y es mal hecho, porque ya hemos visto en repentinas, emboscadas no poder encender la cuerda, ora sea por humedad o por la prisa, y otras veces, aunque lo estén encendidas, no tomar fuego el polvorín y ya que lo tomase no disparar el arcabuz por la humedad de ia pólvora, y atajados de esto vuelven las espaldas por verse sin armas y es causa de desbaratarse y perderse todo; y de esto no tiene la culpa el soldado, sino el caudillo, por no llevar su gente bien armada y prevenida al suceso, pues los soldados que van apercibidos llevan fortaleza y ánimo.

Considérese cada uno en tales trances, la diferencia que va de lo uno a lo otro, pues llevando armas con que reñir y ofender al contrario, quedando corrido de la falta del arcabuz, hará el deber—; doblando en el acero de la espada lo que deseó mostrar con el arcabuz, y esto sucede en los soldados de vergüenza y honra; y de aquí nace el ser valientes y cumplir con lo que deben. Esto debe guardar el caudillo, escogiendo soldados para semejantes casos, que por la mayor parte se le ofrecerán: no fanfarrones ni espadachines, que no sirven sino de alborotar el campo y al tiempo de la necesidad los hemos visto cortados, sin ser de fruto.

Y volviendo a mi propósito, yo no niego deja de embarazarse mucho con la espada en los tiros, por la maleza de la tierra, pero digo que en su lugar lleven unas medias espadas, alfanjes o cimitarras, machetones o cuchillos largos de monte, de tres o cuatro palmos, que harán el mismo efecto con la rodela y sin embarazo, puestos en sus tiracuellos; y el soldado no se, canse de llevarla, aunque el caudillo no lo prevenga, que cuando no le sirva contra el enemigo, le servirá, por el riesgo que asimismo corre entre los mismos amigos que lleva, que viéndoles apercibidos no se les atreverá nadie, que al fin son indios. Llevarán todos en general sus sayos de armas, hechos de mantas y algodón; los mejores son escaipiles de dos aldas, como capotillos vizcaínos, con sus botones de palo a los lados o ataderas que sobrepuje la una falda sobre la otra, porque no descubra el ijar. Estos sayos serán anchos porque queden ahuecados, donde la flecha o dardo embace, estos son más prestos que otros para un arma repentina, demás de que sirven de colchones para dormir sobre ellos, como no haya riesgo, que donde lo hubiere estarán mejor en el cuerpo, pues hace el mismo efecto, que es impedir la humedad del suelo; a los cuales escuaipiles no se les debe echar a cada uno más de seis libras de algodón que son bastantes para una flecha; y adviertan que las bastas han de ser largas y flojas porque quede flojo el sayo: y si fuere hasta la rodilla, le echarán ocho libras; éstos se usarán donde hubiere yerba; y habiendo de servir a caballo, los henderán por delante y atrás, por amor de los arzones y que como escarcelas tapen el muslo. Excusarán los Soldados no se les mojen, si pudiere ser, porque tupe el algodón y fácilmente son pasados de la flecha, dardo o lanza, aunque otros son de diferente opinión. Y si ha de ser ligero y llevar poco algodón, hace tabla delgada y se pasan ligeramente y así a estos escuaipiles les echan flojas las bastas para que el algodón lo vaya. Llevarán los de a caballo sus morriones con orejas, hechos de algodón o cuero de toro con sobrevistas de malla que tapen los rostros para que en la guazavara no los hieran, porque no pueden todas veces guiar el caballo y adargarse a un tiempo, demás que una flecha pasa sin ser vista y es bien que vaya el rostro armado, porque por aquella parte corre más peligro. Muchos no usan adargas y así las que trajeren sean pequeñas y ligeras y el que pudiere traer petral de cascabeles, es muy bueno, así porque se atemorizan los indios, como porque el caballo se alienta mucho; Usarán de sillas jinetas y no se consienta silla brida, porque con menos riesgo se vadea un río a la jineta y son más prestos al ensillar y se hacen hombres de a cabalo. Lleven los caballos sus pecheras y testeras y costados del mismo algodón y bastarán una docena de jinetes entre cien infantes.

Todos los soldados traigan siempre en la cinta cuchillos carniceros, que es buena arma. Los caballos son buenos y de provecho entre los infantes, aunque sea el número grande de los contrarios. Y aconsejo que lleven sus rodelas y arcabuces del tamaño dicho, porque llegarán a sitio donde no les sean los caballos de provecho y es bien se hallen con que puedan pelear.

Las espuelas sean de pico de gorrión, porque las de acicate son muy peligrosas.

El caudillo tendrá cuidado de llevar de respeto algunos hierros de lanza, porque no le falten en las ocasiones, que cuando falte el asta, hartas hay en los arcabuces. Las armas acrecientan el valor, que es por lo que los poetas en sus fábulas fingen las fabricaron los Dioses para las personas que ellos han celebrado. Los caballos son especie de armas, por cuya fuerza se han ganado muchas victorias y para nuestro intento son muy buenos en la tierra donde la pueden hollar; y el soldado que fuere enemigo de cargar las armas, se puede presumir pondrá la esperanza de su vida más en los pies que en las manos.

Prevención de municiones

Municiones

Yo confieso que algunos de los capitanes y soldados de las Indias no ignoran cosas necesarias para sus jornadas, pero para probar mi intento, es necesario poner aquí y desmenuzadas, para que mejor se advierta la necesidad de todas ellas. Y así cuanto a lo primero, digo, que los arcabuceros llevarán dobladas sus llaves y tornillos, que es de gran curiosidad y provecho, la una de rastrillo y la otra de cuerda, si pudiere ser, y a falta ambas de cuerda, porque son más ciertas y mejores. Llevarán sus limas y moldes, sacapelotas, sacatrapos, rascadores y lavadores. Llevarán cuerda y contracuerda; llevarán sus chupas o bolsas y unas mochilas que llaman los indios, en que llevar la munición, con sus tiracuellos o tahalíes, porque no pueden usar de las faltriqueras, respeto de los sayos, en los cuales algunos usan unos bolsicos, cosidos por de fuera, para la munición; pero mejores son estas mochilas. Ya saben que han de llevar sus cargas hechas en canutos, porque el frasco no es consideración. Los rodeleros y arcabuceros llevarán sus sayos de armas y morriones sin orejeras cuando entren en la guazavara, porque estorban al oír la voz y orden del caudillo, por llevar las orejas tapadas, demás que afligen al que las lleva, salvo donde hubiere hondas, que allí son necesarias.

    Es buena curiosidad que el soldado sepa hacer sus municiones y andar bien apercibido de ellas, que es de buenos soldados, y que sean diestros en el tirar; llevarán sus almaradas y agujas para hacer alpargatas sus cuchillas carniceros, hachas, machetes para hacer sus ranchos a las dormidas y hacer puentes en ríos y ciénagas para pasar los caballos y el bagaje. El caudillo llevará plomo bastante, el cual repartirá a su tiempo con buena cuenta; llevará sus cucharas para que los soldados derritan el plomo para hacer su munición; llevará la mejor pólvora que pudiere en botijuelas forradas en pellejos de carnero, la lana de fuera y las bocas tapadas con pellas de cepo y atadas encima con sus paños. En estas botijuelas se conserva la pólvora mucho, por muy húmeda que sea la tierra y va segura de agua y fuego. Llevará algodón en ovillos para hacer cuerda cuando faltare al soldado. Llevará en cantidad alpargatas para socorrer su campo en las necesidades, advirtiendo que todo el hilo que se hallare en la tierra se lo manifiesten para hacer cuerda y alpargatas a la necesidad, y cuando faltare advierta que del maguey o cabuya se puede aprovechar para la cuerda machacándola bien y cociéndola con ceniza y si esto faltare de amahagua no puede faltar, que haciendo el mismo beneficio es buena, y de mantas de algodón se puede hacer en una prisa. Llevará mantas, lienzo, sombreros, anzuelos en cantidad para socorrer su gente. Llevará rescates para los indios, que es la principal conquista, como son hachuelas, cuchillos, machetes, agujas, anzuelos, peines, espejos, trompas turquí, cascabeles, bonetes colorados, sombreros. Llevará el caudillo antiparras hechas de algodón y alpargatas fuertes, si fuere tierra de púas, para arrojar delante antipareros. Llevará azufre en cantidad, porque si se ofreciere hacer pólvora la haga en tiempo de necesidad.

Salitre
Tomará pues, y sacará el salitre primero, recogiendo tierra de salitrales húmedos o secos y de cenizales que están junto a los buhíos y caneyes de los indios o donde durmieren vacas, y de esta tierra o cualquiera de ellas echarán en gachas grandes, donde los indios cuecen su bebida, haciéndoles un agujero por abajo y tapándolo con un trapo pondrá en el suelo de la tal vasija un manojo de cabuya o maguey, para que sirva de colador y encima un lecho de varillas puestas por su orden, que hagan suelo y sobre ellas otro lecho de paja y encima de este tercer lecho se le echará uno de tierra y luego se irán echando sus lechos al mismo modo, de lo referido y cuando esté llena la vasija se le echará agua la que cupiere que sea llovediza o salobre y a falta de la ordinaria, de suerte que esta mezcla estará así veinticuatro horas y luego quitándole el paño del fondo se dejará colar toda el agua estando la vasija en alto y debajo cosa en que se recoja; y esta agua colada se pondrá a cocer hasta en tanto que mengüe de tres partes las dos, espumándola de ordinario con una totuma o cuchara agujereada, porque solo se saque la espuma apurada o grasa, la cual se juntará y guardará para echarla en las demás veces que se hiciere el cocimiento dicho, y para conocer si el salitre está cocido echará una gota sobre un hierro frío y si se secare es señal que está en su punto y luego se apartará del

fuego, y cuando esté tibia el agua se echará en vasija repartida y la dejarán estar veinticuatro horas, habiendo puesto encima unas varillas mondadas a fin de que el salitre se cuaje en ellas, y después de cuajado, el agua que quedare se guardará, sacándola sin que el asiento de la tierra se mezcle con ella, porque con esta agua se ha de hacer pie sobre que se hagan los demás cocimientos, que en lugar del agua sobredicha se puede hacer y es mejor: y adviértase que en el primer cocimiento es poco el salitre que se saca y a la segunda vez por el orden que se ha dicho se sacará cantidad. También se advertirá que esta agua que ha de servir de pie o madre, cuando esté vieja no será de provecho y se conocerá cuando esté muy negra o grasienta; entonces se hará otra nueva aunque el postrero cocimiento será más fino que ninguno de esos otros, pero no se sacará tanta cantidad.

Pólvora

Hagamos, pues, la pólvora, que sea fácil y que tenga bondad, haciendo para ello el carbón de sarmientos de parras bravas que hay en tierra caliente, o gamones o cáscaras de naranja, de sauce o ceiba o higuerón, y en una piedra de moler maíz se molerá y asimismo el azufre, de suerte que no tenga tierra y lo mismo el salitre y carbón; y estos materiales no han de estar húmedos, los cuales incorporarán y después de bien molidos e incorporados se rociarán con agua llovediza u orines trasnochados, hasta en tanto que moliendo se haga una pasta con las manos como un bollo de masa. Las partes de cada una de estas son de azufre una y cuatro de salitre, de carbón una. Y para que estos materiales no se humedezcan los tendrán al humo, porque al Sol se echa a perder el salitre y recibe daño. Y hecha la dicha masa en una red que se llevará para el efecto, de hilo o pita, lo más menuda que fuere posible, por no cargar arneros, que sea cuadrada para que entre dos la tengan muy tirante y en el aire como bastidor: tomarán la masa hecha en su punto y la pasarán con la mano por cima, siempre a un lado solo, apretando la masa y la mano pase con ligereza y debajo tengan un paño donde vaya cayendo la pólvora y allí la dejarán enjugar y guardarán en sus botijuelas.

Prevención de herramientas
Importante cosa será si se va a poblar en nueva conquista, el caudillo llevar todas las herramientas necesarias, como son hachas medianas y grandes para hacer casas, buhíos, y rozas y puentes, asimismo machetes, azuelas llanas y gurvias, azadones llanos y gurvios, para hacer canoas donde fuere menester, y bateas para lavar donde hubiere muestras de oro; y para servicio de los pobladores, barrehas de toda suerte, almocafres, barras chicas y medianas, sierras, escoplos, martillos y tenazas: herramentales para herrar caballos, herraduras y clavos: y sobre todo llevará su fragua entera con su herrero para sustentar todas estas herramientas y hacer las demás que convinieren, llevando acero y hierro; y no se olvide una o dos corrientes con sus colleras, que son muy importantes, porque con ellas los prisioneros no tienen tanta prisión y están seguros, llevando algunas arropeas para soldados, porque soy de parecer que a ninguno se le debe echar collera, porque no hay cosa que más les desabra y con razón los ofenda.

Prevención de bastimentas
Pues hemos tratado de los pertrechos de guerra y otras cosas ajenas, digamos de los bastimentas cuáles han de ser, pues son de tanta necesidad. Siendo tierra por donde puedan entrar caballos, llevarán en ellos el matalotaje de bizcocho y este sea poco, porque es balume. Llevarán harina de maíz tostado lo más que pudiere, porque es el perfecto matalotaje para hacer sus mazamorras, que es lo que más sustenta y hace menos balume. Llevarán tocinos, quesos, ajos y no olviden la sal, que es lo que más importa. Y sobre este matalotaje, que es el principal, llevará el caudillo alguna conserva para enfermos, como es carne de guayaba, que es buena para las cámaras; también algún azúcar. Llevará algunos garbanzos para una necesidad, que suplen mucho. Llevará algún aceite y sebo y unto sin sal. Llevará algunas semillas de col y rábanos, lechugas y demás legumbres para sembrar luego si poblaren o si invernaren en alguna parte, porque es buen mantenimiento. Llevarán sus pailas de cobre o azófar, para hacer sus comidas. Llevarán calabazas de ají molido, que es

buen mantenimiento, hasta dar con las poblazones. Sobre todo lo dicho, llevarán vacas de leche, y las que fueren vayan en una manada, aunque sean de particulares, con sus señales: las del caudillo serán en cantidad, porque si hay necesidad se han de socorrer de ellas. Llevarán sus toros para el multiplico y para que las vacas estén aquerenciadas, procurando que todas sean mansas y paridas para la seguridad de que no se vuelvan y se lleven con menos trabajo. Excusarán llevar ganado porcuno y ovejuno hasta que estén poblados, porque son de cosijo y trabajo. Y si a la tal jornada no pudieren ir caballos, menos sé podrán meter vacas, hasta estar poblados y abiertos los caminos. Y advierta el caudillo que el matalotaje que llevare de respeto para la comunidad, que no se ha de llegar a él hasta en tiempo de necesidad y que los soldados hayan gastado el suyo primero. Todo lo que está dicho en los capítulos de las prevenciones, más o menos, dejo a la elección del caudillo como a quien tendrá presentes las cosas.

Ayuda de los perros

Bien será añadamos por postre de este libro la ayuda tan importante de los perros en defensa de nuestros españoles en aquellas partes en sus jornadas, pues tanto provecho han hecho, de que hay larga experiencia, como se ha visto en la pacificación de Costa Rica, Veragua, Santa Marta, Mussos, Guali, Antioquia, que es donde más se ha usado de ellos, por haber sido los indios muy belicosos y traidores, particularmente en Musso, donde usaron tanto la yerba de veinticuatro horas y el comer carne humana, con que acabaron muchos de los nuestros; y muchos más fueran, sino fuera por el mucho temor que cobraron a los perros, que al tiempo que los entraron en la tierra estaban para dejarla los nuestros, como otras veces ya había sucedido despoblada, como lo hizo Pedro de Orsúa y lo estuvo hasta que el capitán Luis Lanchero la pobló, lo cual hasta hoy dura y durará largos años; y en otras pacificaciones se han hecho la experiencia.

Cuando hay guazavaras ayudan muy bien, armados, por amor de las flechas, si los saben soltar. Mucho teme el indio el caballo y el arcabuz, pero más teme el perro, que en oyendo el ladrido, no para indio.

También usan de ellos los indios y los traen consigo: y se aprovechan de su vela. Pues para tomar y seguir un rastro, no es menester más que soltarlo, que luego da con el indio, sin que vaya soldado con él y allí se está hasta que llega la gente, teniéndole alebrestado. Descubren una emboscada de muy lejos, porque la huelen. Son de mucho provecho y yo no iría a ninguna jornada sin ellos.

Suerte de un perro
Para que se vea el efecto que hacen, contaré una suerte que hizo un perro que se llamó Capitán. Al cabo de muchos días que la tierra de Musso estaba poblada de nuestros españoles, un soldado, llamado Luis Rodríguez, que fue mi soldado en ciertas jornadas, cuyo era el perro, me contó y fue público en toda la tierra dicha de Musso, que estando doce leguas de la ciudad en un despoblado, solo con su perro, en una pesquería que hacían en un río, con cantidad de más de cien indios alrededor de él y teniendo atado su perro con un tramojo en el rancho que había hecho para dormir los días que la pesquería durase, y estando descuidado a la orilla del río, sin armas, porque las tenía en el rancho confiado en la paz de los indios y salvo de la traición que le tenían ordenada, que era matarle y echarle en el río, y como vieron la ocasión tan buena, el soldado sin armas, y el perro atado, acordaron ponerlo en ejecución descargándole un macanazo, que es arma que ellos usan, como está dicho, del cual cayó aturdido y asiendo de él un golpe de ellos para echarlo en el río, el Soldado, con la rabia de la muerte, comenzó a forcejear y dar gritos, y como el perro sintió el ruido y oyese la voz de su amo, haciendo fuerza rompió el tramojo y embistiendo con el escuadrón de los indios lo rompió de tal manera mordiendo y derribando y ellos con el repentino asalto, por huir se atropellaban unos a otros dejando al soldado, apartándose del riesgo por estar los más desarmados, pareciéndoles que estando el perro atado y él sin»armas, no las habían ellos menester, como era verdad, si la fortaleza de la amistad que el perro tiene a su amo, no sobreviniera en su socorro. Gran instinto de perro que conociese el riesgo en que su amo estaba y que él solo le librase de tal peligro metido en medio de un tan gran escuadrón, y después de haberlo desbaratado llegase a él, el cual amo, habiendo vuelto en sí, y cobrando esfuerzo con tal socorro, se levantó y embistió al rancho, no desamparándole el perro, en demanda de sus armas y tomando su espada

y rodela y refrescando y trabando la pelea el soldado, y el perro a su lado, en breve tiempo los desbarataron y huyeron quedando amo y perro solos, tomando luego a la hora su camino para donde había españoles, porque ya le tenían por muerto, porque un criado suyo indio, que se huyó al tiempo que esto pasaba, había dicho quedaba muerto. Tales perros, como éste, bien se pueden llevar a semejantes empresas y estimarlos en mucho, pues son tan buenos compañeros, teniendo mucho cuidado del regalo de ellos, dándoles su ración como a cualquier soldado: los cuales se llevarán que sea de buena trabazón, que no sean muy grandes, porque se encalman y se despean y embarazan en los arcabucos; y los que hubieren de hacer sean cachorros, experimentándolos primero, disparando junto a ellos el arcabuz y si los tales perros huyeren del trueno a distancia larga, no hay para qué echar mano de ellos, porque jamás se reducirán ni serán de provecho, porque tienen mil inconvenientes; y pasados por esta prueba los mostrarán a que no riñan unos con otros, hermanándolos, porque no estándolo, antes dañan que aprovechan; y no trato lo que más pudiera decir, porque lo dejo a la discreción del caudillo y soldado.

Libro tercero en que se trata la obligación del soldado, el sacar la gente de tierra de paz, el marchar por tierra de guerra, atravesar rios, alojarse con fuerza, dar trasnochadas, emboscadas, guazavaras y recibirlas

Obligación del soldado

Una de las más principales virtudes que a Dios agrada es la humildad, la cual es estribo para todas las cosas, grandes, medianas y chicas y sin ella nadie puede corresponder a su obligación y así debe el soldado usar de esta virtud más que otra cualquier persona, porque si respecto de no ser obediente se pierde la ocasión, es imposible volverla a cobrar, y de perderse una se ofrecen perder luego otras muchas que sucesivamente se encadenan.

Ejemplo de Manlio Torcato

Y así a Manlio Torcato por no serie obediente su hijo en guardar su orden, aunque vino victorioso y cargado de despojos de la batalla que tuvo, le mandó cortar Ja cabeza, y otros muchos nos han dado dechado de cuanto importa, y por ejemplos lo tenemos cada día al ojo.

El soldado debe reconocer esta obligación siendo humilde a los mandatos de su caudillo, cosa que el soldado de Indias guarda bien mal, con aquella arrogancia de que sabe tanto como su caudillo y que siendo práctico no ha menester quien le gobierne y fiados en esto hacen mil hierros dignos de castigo.

El que no guarda la orden de su caudillo pierde reputación. El soldado guarde la orden que se le diere

Adviértoles de una cosa, y es que todas las veces que no guardaren la orden de su caudillo, pierden mucha reputación y crédito y perderán justamente el puesto que les hubieren dado y lo puede ocupar otro, porque en la guerra al soldado valeroso siempre se le ofrecen muchas ocasiones donde se muestre, a cuya causa está obligado a guardar el puesto donde su caudillo le pusiere; aunque le parezca que hay otro puesto mejor donde señalarse. Bien parece al soldado ser humilde, porque sobre la humilad caen las demás virtudes como el esmalte sobre el oro y así ganará todo crédito y no con vanas apariencias y fanfarronerías que a pocos lances se alcanzan.

El soldado que guarda el secreto será estimado. El soldado no debe huir el trabajo. El soldado debe ejercitarse en las armas

Excúsese de ser espadachín y hablador, remediando esto con ser callado y bien quisto y en todo secreto, de donde el caudillo reconocerá su caudal y le será fuerza fiar de él muchas cosas, y fiándolas a estimarle y hacerle amistad en ocasiones de importancia, cosa que se granjea con solo seguir la obligación honradamente con cortesía, como la tendrá en el seguir en el trabajo siempre a su caudillo, poniendo la mano donde la pusiere y ganará opinión y a él la voluntad, demás que la ociosidad acarrea un millón de vicios, procurando siempre ejercitarse en las armas para que cuando se le ofrezca ocasión se halle con toda desenvoltura y presteza.

No se duerma el soldado en la centinela

También el soldado a quien han fiado una centinela, que es la salud de todo un campo, si el tal hace el deber, cumple con lo que debe y con su obligación, porque el que se durmiere pierde la honra y aventura la vida, porque merece la pena de muerte y en esto yo no pondría ningún escrúpulo en quitársela; y cuando con él se quisiere usar de misericordia por algunos respetos, se le debe dar un castigo infame, y pienso que ningún buen caudillo tendrá reportación para dejarlo de matar por la traición que comete, pues todos ponen en sus manos las honras y las vidas y da tan mal cobro de cosas tan importantes.

Ejemplo de Epirates. No debe ser el soldado chismoso. El soldado debe huir del motín. El soldado ha de ser defensor de la honra de su caudillo y camarada

Epirates, estando en Corinto, halló durmiendo a uno en la guardia y le mató, y en nuestros tiempos cada día vemos este hecho; pero si el soldado comprende ser pecho honrado, cierto se excusará de todo esto y de no ser revoltoso ni chismoso, cosa tan mala y que tantos males y daños acarrea y lo que de ello se saca es un mal crédito, y de estos vicios las más veces se suele engendrar un motín que causa daño en general, de tal manera, que aunque uno no sea de los comprendidos en él, participará de su mal nombre, porque como sepan que es de la tal compañía la presunción está en arbitrio de cada uno, pues andar satisfaciendo a todo el mundo es cosa larga y no hay mejor satisfacción ni más honrada al Soldado que cobrar buena fama y que sea amigo de la honra de su caudillo y de la de su amigo y camarada, no consintiendo se diga mal de él, reprendiendo al que mal hablare, favoreciendo la razón y la obligación; y si esto le faltare, estará obligado por lo que debe a la bondad de buen soldado y amigo; si no tuviere discurso o condición o ánimo para acudir a esto, vuelva las espaldas, porque ya que no sea honrado defensor no sea infame consentidor, y el que cae en esta infamia y luego lo va a chismear a su caudillo o amigo, descubre su falta y a él ofende el ánimo de tal manera que para siempre en su corazón le tendrá por enemigo, porque quien te dice la copla ese te la echa y si hiciere el deber como honrado soldado, díganselo otros.

El soldado está obligado a no consentir motín
También estará obligado a no consentir motín alguno ni venir en él ni causarlo, porque además de deservir a Dios desirve al rey y es especie de traición y en ello aventura su honra y vida. En esto debe vivir vigilantísimo, porque de aquí nacen las conspiraciones y alzamientos. Esta es una mancha que cunde mucho; para remedio de ello se guardará de malas compañías y si sintiere que le acometen y le quisieren prender, huya de ello no descuidándose de dar aviso en tiempo con discreción al caudillo, porque si lo sabe de otro, correrá riesgo como los demás.

El soldado sea leal a su rey
En esto debe guardar el soldado secreto, y haciéndolo así queda con título de leal y servirá a Dios y al rey, y está tan obligado a ello, que al mismo camarada no debe guardar la cara si viere que va contra el rey.

Caso sucedido entre dos camaradas

Pues viene tan a pelo, contaré un caso que no ha muchos años que sucedió, y fue que andando el gobernador Antonio de Berrío en descubrimiento de El Dorado, más de trescientas leguas del Nuevo Reino de Granada, de donde había salido, llevó en su campo dos soldados que eran camaradas y lo fueron muchos años atrás tan amigos y hermanos, que jamás sabían andar el uno sin el otro, y así fueron juntos a esta jornada yendo uno por capitán de ella. Llamábase el uno Pérez y el otro Chacón; el Chacón, por disgustos que el gobernador le hubiese dado, o porque el diablo reinase en él, dio en querer matarle, y para esto lo consultó con su camarada el capitán Pérez, el cual le reprendió muchas veces y procuró estorbar semejante traición; de tal manera le apretó; que visto que no se le podía desviar y que estaba ya determinado a la traición, lo descubrió al gobernador, el cual habiendo averiguado el caso, y estando bien satisfecho, le dio garrote, con que todo se sosegó y pareció bien este castigo en todas las partes que de ello hubo noticia, y el capitán Pérez en esto hizo el deber, porque con esto se atajó muchas muertes y daños.

Mal parece al soldado jurar

Prosiguiendo en nuestro intento aconsejo y digo que el soldado no debe jurar teniéndolo por costumbre. Bien creo que no hay necesidad de dar preceptos a los buenos soldados, pero para los que no tienen tanta experiencia ni viven con tanto cuidado, es justo que sepan que jurar mucho y tenerlo por bizarría es muy gran falta, y a este tal no le faltará plaga en su casa.

Parece bien ser el soldado honesto

Pues si ha de ser también honesto, justo será que sea virtuoso, porque no se compadece jurar mucho uno y ser honesto. Muy bien parece esta virtud en un soldado porque el caudillo le estime en mucho y todos le respeten.

El soldado no tenga por uso el juego
También parece mal ser jugador, teniéndolo por oficio, porque acarrea muchos vicios: no digo yo que no juegue y se huelgue; más que no dé nota en el campo, trayendo los naipes en la capilla, jugando la espada y los vestidos, que esto parece muy mal y no puede acudir bien a sus obligaciones.

Es mal hecho sonsacar el servicio ajeno
Algunos soldados rateros hay, que usan sonsacar el servicio a otros soldados, es muy mal hecho y no se debe permitir, porque de aquí nacen muchas pesadumbres; y el que no lo tuviere el caudillo acomode al tal soldado en rancho donde lo hubiere.

El soldado debe ser curioso en las armas
Bien pudiera excusar de decir aquí que el soldado sea curioso en sus armas y municiones, trayéndolo todo limpio y alistado, pues es su oficio y tiene obligación a ello; pero he visto algunos soldados muy descuida... dos en ello, que es lo que me ha movido, y parece muy bien, demás de cumplir con su obligación, que el rato desocupado lo emplee en beneficio de sus armas, y el caudillo conoce bien a los tales y se aficiona a ellos y siempre tiene cuidado de ocuparlos en cosas graves.

El soldado no dé alarma incierta
Y advierto que es de consideración que el soldado que estuviere de posta no dé alarma incierta, sino que se entere bien primero que la dé, y si estuviere dudoso, con presteza dé aviso a su caudillo o al primer soldado, para que estén alerta, que cuando la ratifique con el arcabuz, la gente esté ya prevenida y presta con sus armas. Y soy de parecer que no siendo repentino el acometimiento, se tenga por costumbre dar primero a la sorda el alerta que el arma, que con esto se aventaja mucha tierra, como adelante diremos.

El soldado en la ocasión, muestre brío y coraje
Y no menos ha menester el soldado de brío y coraje, cuando se ofrezca venir a las manos, porque bastará uno de estos para muchos, y el caudillo que sintiere al contrario de alguno, échele de su campo, porque hace más daño que provecho.

El soldado sea partido con su caudillo
Ya saben que después de observar las órdenes de su caudillo, el buen soldado, en cortesía, tiene obligación de lo que cazare y monteare con su arcabuz y otras comidas que adquiriere, de enviar a su caudillo parte de ello, porque después de hacer lo que debe, todo lo que el caudillo tiene es para ellos.

Entre los soldados debe haber mucha paz. El soldado no burle de manos
Y soy de parecer que todos los soldados, unos con otros, tengan mucha paz y hermandad, pues van todos en demanda de un efecto, y han de vivir juntos, quedando en la tierra avecindados, evitando todo género de pendencias y porfías, y sobre todo burlas de manos, pues de ellas se viene a las veras y se suelen ofender, cosa bien reprobada en toda la milicia. En esto hay mucho descuido en la soldadesca indiana, y en algunos caudillos para remediado y estorbarlo, que es a quien incumbe la salud y quietud de todo su campo.

El modo que ha de tener nuestro caudillo en sacar su gente de tierra de paz sin que haga daño a los naturales

Marchar sin hacer daño en tierra de paz

Ya que estamos a punto de marchar con nuestra gente, será bien hagamos un buen principio, porque por él se espere el fin de nuestra jornada, que si este falta es imposible haberlo, y así conviene saquemos esta gente que está hecha y prevenida con buen pie, de la tierra de paz, sin que haga daño alguno o agravio, como suele acaecer, quitando el hijo, la mujer o la hija y al vecino el servicio más regalado, como son chinas y muchachos ladinos y apeando en el camino al otro de su caballo o mula o tomándolo del campo, y en las estancias por donde pasan haciendo daño en las comidas, forzando y haciendo otros muchos agravios, llevándolo todo abarrisco, echando sobre sí un millón de maldiciones. Pues quien sale con este pie y principio ¿qué puede esperar sino todo mal suceso? Y esto, bien se sabe que el caudillo no lo quiere ni permite, pero los soldados malos y perniciosos lo acometen sin temor de Dios y de la justicia, confiados en que son soldados y que van a servir al rey. Desventurados de ellos que tan mala consideración les haga hacer cosas tan indebidas, no pesando la honra ni considerando el riesgo en que van, que tan desalmadamente se arrojan a cometer robos, fuerzas y malos tratamientos.

Remedio para no hacer daño al marchar. En cuadrillas se debe marchar por la tierra de paz para excusar daño

Para remediar esto, quiero dar mi parecer, que será justo que el caudillo lo remedie y ataje sin riesgo de sus soldados, que es lo que puede temer: y es así, que si quisiese con castigo remediar estos desafueros, antes de salir de casa le quedarán pocos soldados. Los caudillos deben saber que para arrancar en orden, prevenidos y bastecidos, siempre se elige una estancia, la más última de tierra de paz, para juntar todo su campo adonde se congregarán todos y se pertrecharán de todo lo necesario para su viaje, así de carne como de harina de maíz donde se acaban de hacer las armas y municiones y allí se ordena el bagaje y da sus órdenes y es de muy gran importancia esta parada en esta parte; y pues es bien que así se haga, el caudillo señalará los capitanes y soldados más apropósito, y conforme al número de la gente se la repartirá para que en cuadrillas vayan al tal puesto, guardando la orden que les diere, encargándoles con muchas veras no den pesadumbre a nadie por donde pasaren, así al vecino como al pasajero, como al indio, amonestándoles que para esto los envía delante, con la gente que les ha señalado, haciendo de ellos semejante confianza. Y en presencia de cada uno de estos cabos hará a los soldados una breve plática, obligándolos a ello, poniéndoles delante la honra, demás que les quedará obligado para estimarlos en mucho, honrándolos y premiándolos a su tiempo, y el que hiciere lo contrario de ello jamás será su amigo y se descuidará con él. Y con esto les encargará vayan a la orden del cabo, y él quedará haciendo alto hasta despacharlos todos, saliendo con la postrera cuadrilla, habiendo prevenido para la gente, en la estancia dicha, carne y maíz, así para comer en el entretanto que allí estuvieren, porque no gasten sus matalotajes, como para que de nuevo lo refuercen. Y luego, hechas estas diligencias, antes que salga del pueblo donde ha hecho la gente, echará un bando, que todos los vecinos y otras cualesquiera personas que hubieren recibido algún agravio de sus soldados le vayan siguiendo a tal parte, señalándosela, o envíen, que allí los desagraviará de todo punto; lo cual hará con grandísima cuenta y cuidado, dando a cada uno lo que fuere suyo, porque si así no lo hiciere, quedará obligado a la restitución de todo ello y con mal nombre; y con esto habrá cumplido con su honra y con lo que debe, que cuando no lo pidan no quedará por falta suya.

El caudillo desagravie a los agraviados
Pues llegado que sea sobre lo que así se pidiere, hará luego sus diligencias con todo secreto y hallándose algunos culpados los reprenderá sin alboroto y desagraviará las partes; y si sobre la satisfacción fuere menester salir a pagarlo, lo haga de suerte que vayan de él satisfechos y diciendo bien, y él no quede desaviado.

A río revuelto ganancia de pescadores
Y advierto que a estos tiempos de hacer gente, hay muchos ladrones que gozan de la coyuntura, que como dicen, del río revuelto; .. cargándolo todo

a los soldados, y tendrá un millón de quejas, que averiguado, se hallará no haber hecho soldado semejante cosa, y respecto de esto se debe proceder con reportación. Hecha esta diligencia y satisfecho a todo, pondrá mucho cuidado en los matalotajes; regulando los despoblados, llevando de respeto por lo que puede suceder.

Hombre apercibido medio combatido
Y así mismo en que todos los soldados hagan y apresten sus armas y municiones, haciendo listas de ellos y de sus armas, requiriéndolos por su propia persona, de tal manera, que cuando de allí arranquen salgan bien armados y prevenidos, sin falta alguna, pues en el camino no se han de hallar ventas donde poderse reportar y remediar, porque como dicen del hombre apercibido; y con esto, habiendo hecho las diligencias de un cristiano caudillo y dicho el sacerdote su misa y bendecidas banderas y estandarte, partirá con el cuidado que en el capítulo siguiente diremos.

Aviso
Y aviso que es de importancia que el caudillo visite todas las camaradas y no consienta que haya más de cuatro en cada rancho, porque de haber muchos en un rancho nacen muchos inconvenientes dignos de remedio. Bien sabe el caudillo que ha de llevar sus lenguas y guías, las más ciertas que pudiere, y las trompetas no se excusan en el campo a toda hora.

Recato con que nuestro caudillo marchará por tierra de guerra, llevando su gente siempre en orden

Ya estamos a tiempo donde nuestro caudillo ha de mostrar las partes que le hemos aplicado y los soldados sus obligaciones; que todo lo que hasta aquí ha sido paz y lo que se ha dicho y prevenido es para lo que nos resta, que todo será guerra y estratagemas de ella: y, pues, mi intento es, y el trabajo que he tomado, no otra cosa, más que como cada día se ofrecen muchos descubrimientos en las Indias, sepan los caudillos y capitanes cómo se han de valer y la orden que han de llevar para que los naturales de aquellos reinos no lo desbaraten y se pierda lo trabajado y lo que van a hacer, que es convertir las almas; y para esto será necesario tratar muy por extenso todas las particularidades y avisos, aunque parezca a los soldados viejos y conquistadores prolijidad, que al cabo, si ellos hubieran de volver a trabajar de nuevo, siguieran estas pisadas, y comenzando digo:

El caudillo debe entrar en la tierra en la vanguardia y salir en la retaguardia. Tocará a marchar

Que el caudillo está obligado en tierra de guerra ir en la vanguardia al entrar en ella y al salir, en la retaguardia, porque se halle siempre al mayor peligro: demás que va recogiendo toda la gente qué marchare fuera de orden; y así, al arrancar, mandará tocar sus trompetas, para que toda la gente se apreste y ate sus cargas. Y siendo jornada donde entren caballos, repartirá su gente en dos cuadrillas, igualando el número de arcabuceros con el número de lanzas y dalles: y la una cuadrilla irá por vanguardia y la otra por retaguardia; y de las dos dichas cuadrillas se sacarán soldados sobresalientes para que vayan interpolados con el bagaje, y otros asimismo, remudándolos cada día, para que a la sorda vayan delante del campo, a un tiro y dos de arcabuz, descubriendo la tierra, de tal manera y con tal cuenta que para volver al campo no tengan impedimento, no dejando entre ellos y el campo paso estrecho, ni río que sea fuerza pasar por puente de bejuco o con balsa o a nado, no alejándose, porque puedan oír la respuesta de un arcabuz y puedan revolver sin que los ofendan, advirtiendo que hagan —siempre alto en los tales pasos hasta que llegue el campo y lo comiencen a ocupar: y luego los descubridores pasarán adelante a una vista, donde harán alto, teniendo su centinela puesta para dar aviso, y comenzando a marchar al campo después de haber salvado el paso malo o río, volverán a su camino.

El ganado camine siempre detrás

El ganado que se hubiere de meter, vaya siempre detrás de la retaguardia con soldados sobresalientes que se habrán sacado de la retaguardia, para que lo guíen por el camino que el campo fuere abriendo; y éstos sean soldados más prácticos en ello y con tal cuenta que no pierdan el campo de vista: y llevarán algunos indios vaqueros para ayuda suya.

Modo de llevar el bagaje sin caballos

Si fuere jornada de a pie, donde no se metieren caballos ni ganado por la aspereza de la tierra, advertirá el caudillo que los indios cargueros han de ir interpolados entre los soldados de esta manera. Que se han de hacer tres cuadrillas del campo: La una para la vanguardia y la otra para retaguardia y la otra para batallón: en esta se interpolarán los cargueros, conforme cupiere el número entre soldado y soldado, así para su guarda y defensa, como para que no se huyan y les dejen las cargas, y en esto haya grandísimo cuidado, porque lo hacen por momentos sin consideración del daño que se recibe, como gente bárbara. Estas tres cuadrillas se han de ajustar arcabucero con rodelero, el cual conozca su arcabucero: y para que esto no falte a todas horas, será bien que las camaradas estén compartidas en las armas, rodelero con arcabucero. Y asimismo echarán delante sus sobresalientes, con el orden y cuidado dicho. Seréle aviso a nuestro caudillo que delante de sí lleve dos rodeleros y dos arcabuceros y en la retaguardia queden detrás del maestre de campo, si él la llevare, o de otro a cuyo cargo fuere, dos rodeleros, que los unos y los otros sean de los mejores: y estos dos sean los postreros, porque si picare el enemigo, no tengan que hacer más que volver los rostros.

Los soldados marchen con sus armas

Los soldados marchen con sus armas y el caudillo no consienta otra cosa, porque aunque a las primeras jornadas no sean menester, por no haber llegado a la tierra o por no ser sentidos, es bien vayan habituados a ello para cuando haya riesgo, demás que salta la liebre donde no se piensa.

Cuerdas encendidas
Llevarán siempre lumbre encendida así en la vanguardia como en el batallón y retaguardia y descubridores, y los que hicieren alto al ganado, sus clavos de cuerda hechos, y donde hubiere un peligroso paso encenderán todos. Y esto mismo será siempre en la tierra poblada, porque en una emboscada repentina, mal se suele encender; y para esto ningún soldado deje de llevar su eslabón y pedernal en la chupa, que por momentos se le ofrecerá al arcabucero haberlo menester. También es buena prevención que los soldados lleven sus capotillos de dos faldas para resistir un aguacero y particularmente los arcabuceros, porque debajo de ellos guarecen sus arcabuces y pólvora y los que fueren curiosos deben traer unos encerados revueltos en las llaves para mejor conservar los fogones que no se les mojen.

El silencio al marchar importa mucho
Séale aviso a nuestro caudillo que importa mucho el silencio en el marchar, porque con él se excusará de ser sentido y los nuestros sentirán al enemigo, que de ordinario tienen grande murmullo a doquiera que están, y la orden que diere el caudillo será entendida.

No se dispare arcabuz hasta ser sentido
Advertirá con mucho cuidado que no se dispare arcabuz ninguno antes de ser sentido en la tierra, porque no se alboroten y alcen de sus poblaciones y porque por los campos de ordinario andan indios cazando, y en correrías cruzando y como uno sienta arcabuz toda la tierra tendrá el aviso en breve tiempo y resultará de esto echarles emboscadas a los nuestros, y no siendo sentidos, se hará fuerte en ellos, tomando algunos para lenguas y guías y con quien se traten las paces, que es abreviar el tiempo y el trabajo. Así mismo se guardará de no tocar trompeta hasta que sean sentidos y descubiertos en la tierra.

Siempre marche haciendo altos para que no se quiebre la orden. Es bueno refrescar la gente

Conviene mucho que el caudillo marche con cuenta y razón, haciendo sus altos y sabiendo si va quebrada la gente y si la retaguardia está con descanso; porque importa que se refresquen los soldados donde hubiere aguadas, porque no se fatiguen, y esto se hará de tal manera, que siempre la retaguardia deje en el camino centinela a la vista del aguaje o quebrada, y la vanguardia haga lo propio en el camino de su puesto. Y los cargueros, el caudillo procure siempre se refresquen y se les dé de comer, porque suele haber en esto mucho descuido y crueldad advirtiendo que la carga no sea grande, que sin consideración los soldados los suelen cargar como a caballos y los matan en cuatro días.

Las cargas grandes son muy dañosas

La acomodada carga son dos arrobas y no se sufre más ni se debe, permitir, para que vayan alentados y puedan sufrir el trabajo.

Aviso al marchar

Los descubridores han de marchar siempre con muy grande aviso, como lo hará la vanguardia, huyendo y recelándose de la trampa y del hoyo, y del estacón y de la púa, que son sus invenciones de pelea. Si se marchare por arcabuco o montaña, guárdense y vayan con cuidado, porque usan sobre el camino de un árbol a otro de trampas, atravesando un gran palo o viga con tal artificio, que con solo un bejuco muy delgado se sustenta en el aire entre las ramas, y éste está atravesado en el camino para que pisándole haga el movimiento y venga abajo de Romanía, la cual trampa suele hacer muy gran daño, y esto más de noche que de día. Para esto, es bien echar delante indios amigos que lo descubran. En sabana y campo raso hacen unos hoyos muy grandes y dentro hincan unos grandes estacones, cobijando estos hoyos con rama y tierra muy sutilmente, de suerte que, en poniendo el pie inadvertidamente, cae dentro el soldado y queda estacado y muerto. Para esto, los indios amigos que se llevan lo descubren con facilidad echándolos delante, y cuando falten, un Soldado, con una media lanza, que vaya bordoneando, dará con el hoyo.

También suelen usar unos estacones o puntas delgadas que apuntan entre las ramas bajas sobre el camino sin ser vistos, y dando de golpe el soldado en la rama se suele atravesar.

También el indio amigo, echado delante con su macana, va aporreando las ramas con que descubre la trampa o el soldado con su espada. Esto sucede en caminos estrechos y cerrados. Donde hubiere púas de yerba, no se eche indio delante, por el riesgo que corre, sino fueren soldados con sus antiparras, con tal cuenta que han de llevar siempre arrastrando los pies y atravesados, porque den con ellas y lo barran todo, y como vayan descubriendo la púa, la irán arrancando y haciendo haces para quemarlas, porque los indios no se aprovechen más de ellas si las hallasen a caso.

Los caminos se deben reconocer

También aconsejo al caudillo no deje camino que topare que no lo siga para descubrir si tiene población cerca o puede tomar algún indio para guía, haciendo alto, hasta que descubra lo que es. Y lo mismo hará en la trocha o rastro, arrojando soldados ligeros a ello y con tal diligencia que no le estorbe el principal intento.

Caminos de indios

Para que vaya advertido de todo, digo, que los caminos que los indios siguen son diferentes unos de otros, como son trochas, marcas, lomas quebradas, ríos, caminos seguidos y sus atajos. Las trochas son en arcabuco, que son unas ramillas quebradas de árboles pequeños, y en hallando una rama quebrada, poniendo el ojo al hilo de ella, verán adelante otra quebrada y llegado a ella otra, y de esta manera seguirán este rastro hasta que den en camino hollado y abierto. Las marcas, solo los indios se podrán servir de ellas y nuestros soldados se servirán también cuando estén diestros en la tierra, porque los indios caminaran marcando un cerro y otro y un río y árboles. El camino de la quebrada muy mal se halla, mas si hasta ella han traído rastro no lo perderán aunque vaya el indio por el agua, porque ora en la piedra, ora en alguna isleta de arena se hallarán, demás que como va confiado el indio que por allí no ha de entrar nadie, corta una hoja grande y se sienta sobre ella, y hallarán deslavadas y lisas las piedras donde pone el pie, y este rastro se seguirá, que luego saldrá a camino, porque no es mucho lo que dura por dentro del agua. El camino de las lomas es seguido, que como se suba a ellas luego le verán y es por donde los indios más se comunican; y estos caminos son más seguros para dar en poblado, pero de noche, y por ellos han de marchar con mucho cuidado, por las galgas, por los repechos que suele haber y los pasos peligrosos, que siempre en estos caminos el indio toma el alto y se mejora. En el río suelen tener los indios sus contrataciones unos con otros en canoas o balsas y en palos sueltos, nadando; y si nuestro caudillo diere en este rastro y quisiere seguirlo, hará sus balsas o canoas y se echará río abajo, llevando entrambas orillas con cuidado, registrando de una banda y de otra las barrancas hasta que tope caminos o poblaciones. Y advierta que vayan en orden con toda su gente, recelando los saltos del río que suele haber, donde se suelen perder y desbaratar. También usan atajos, estos no soy de parecer que los siga, si no es viéndose abarrancado, porque son ásperos y trabajosos e inciertos, si no fuere llevando guía cierta.

Pasos peligrosos
También se ofrece cuando el campo va marchando descubrir pasos peligrosos donde le pueden ofender con emboscadas. Al caudillo toca personalmente limpiar estos pasos con la gente que le pareciere, haciendo alto el campo, y salvarlos antes de llegar a ellos, abriendo camino por un lado o por otro. Y si esto no quisiere hacer, tomará una docena de arcabuceros y caminará para él y antes de entrar en el paso irá por un lado y por otro entre el monte y la ceja de la sabana, disparando su arcabuzería, que si hay emboscada, luego los indios se levantarán dando su alarido y desocuparán el paso y luego seguramente podrá pasar. Y este modo de asegurar el tal paso y emboscada se hará cuando fueren sentidos los nuestros en la tierra, porque si no estuvieren descubiertos, no es justo que en duda se descubran disparando arcabuces. Y para esta duda bastará soltar un par de perros, que ellos descubrirán la emboscada si la hubiere, aunque se aventuren, porque es cierto que los indios los matarán, sino es por caso

venturoso, y así en las demás ocasiones se debe tener particular cuidado en saber soltarlos y a qué tiempo, para que no los maten y ellos sean de provecho y puedan ayudar, llevándolos siempre atados y repartidos en vanguardia, batallón y retaguardia y en los descubridores y en la cuadrilla que hiciere alto el ganado si le llevare: y sépanse aprovechar honestamente de la ayuda de ellos y en defensa nuestra.

Los pasos peligrosos se deben reconocer
También será de importancia reconocer un paso donde pueden los indios ofender con galgas al campo, porque en este tal suelen desbaratar mucho con ellas y más si responden de abajo con emboscada. Para excusar esto se debe prevenir una de dos cosas; o tomar el alto con arcabuceros y rodeleras en cuanto pasare todo el Real, o pasar este paso repartida la gente a cuadrillas, de cuatro en cuatro, de seis en seis, para que las galgas no hagan estrago, que pocos se previenen y retiran mejor; pero yo tengo por más acertado tomar el alto, asegurando el paso, pudiéndose hacer sin demasiado trabajo, teniendo cuenta de seguir y subir por la cuchilla o loma más aguda, porque por ella, aunque les arrojen muchas galgas, no los pueden ofender, porque no se encarrilan bien y se derriban luego a un lado y otro: y sabiendo elegir esta subida, subirán libres del daño, con sus rodeleros delante; por las flechas, hondas y dardos: y los arcabuceros disparando por su orden si les defendieren la subida. Este tomar de altos se les ofrecerán por momentos, en mil ocasiones, y así, en ellas el caudillo conforme la ocasión fuere elegirá más o menos la gente que lo fuere a tomar, y esto asegura mucho y concluye presto, como delante se dirá.

Buena prevención
También irá el caudillo prevenido de un toldo grande, porque si la tierra por donde marchare, los indios usaren lanzas y dardos, el toldo servirá, armándolo en un aguacero, para reparo de arcabuceros, porque los indios que usan estas armas, juéganlas de cerca y aciertan, y si los arcabuceros, por ocasión del aguacero, no juegan la arcabucería, recibirán mucho daño, porque los llevarán de encuentro, que la rodela no es arma que pueda resistir la furia de muchas lanzas juntas y saben bien los indios seguir el

campo hasta ver la ocasión, de la cual se aprovechan con diligencia, viendo que con el agua el arcabuz no es de provecho, y con el reparo del toldo se aseguran estos inconvenientes, armándose alto, ocupando entrambas bocas y a los lados estará repartido todo el bagaje y por guarnición de él los rodeleros. Aquí importará mucho algunas lanzas que los indios y anaconas del servicio llevarán, que es una buena arma y propia contra. Y a este tiempo los rodeleros usarán de ellas, porque será de muy grande efecto. De esto estarán excusados con la gente de flecha, porque el agua también es dañosa para ellos respecto de las cuerdas de los arcos que se encogen y no pueden hacer tiro a derechas: y cuando cerrasen a las manos, se aprovechan de sus macanas, arma inferior a la espada y rodela.

Este toldo, como está dicho, es de provecho en tierra de lanzas y donde no se pueden los nuestros aprovechar de los caballos, que donde se pueden aprovechar de ellos, todo lo asegura y deshace. Demás de lo dicho, es bien que el caudillo dé orden al cabo a quien encargare la retaguardia, para que estén advertidos los soldados que si picaren en la vanguardia los indios, vayan marchando los nuestros sin dejar ninguno su puesto, haciendo alto la vanguardia y con cuidado, por si respondiere en la retaguardia la emboscada, que los halle apercibidos, y con este cuidado y orden llegarán hasta donde hallaren peleando la vanguardia. Advirtiendo de no dejar ningún bagaje atrás. Y quien llevare a cargo el batallón, al mismo instante que oyere el alarma, hará una muela de todo el bagaje y hará sentar toda la chusma y que se echen entre las cargas; y los rodeleros y arcabuceros del batallón los rodearán por su orden y no perderán este puesto hasta que pase la refriega o guazavara y comience a marchar el campo, tomando cada uno su puesto. Y si la tal emboscada se comenzare a dar por la retaguardia, la vanguardia se vendrá retirando con el mismo orden y cuidado, disparando sus arcabuces, si por esta parte respondiere el enemigo, de forma que, peleando y retirando sea todo uno, hasta encontrar con batallón y retaguardia adonde refrescará la guazavara y estarán a la orden del caudillo, el cual elegirá conforme a los movimientos de la pelea que se hubiere trabado: haciéndose así se fortalecen vanguardia como retaguardia, espaldas con espaldas y el batallón en medio o a un lado. Y para que esto tenga todo buen suceso, el caudillo tenga particular cuenta en que el campo marche siempre recogido, de tal manera que donde un soldado levantare el pie, el otro lo vaya poniendo en estas ocasiones y pasos sospechosos, cuando el tal caudillo se hubiere descuidado en limpiar el tal paso o tomar el alto, como queda dicho.

Abrir caminos

No puede dejar por momentos de ofrecérseles abrir caminos para poder marchar: y para esto, siendo arcabuco, irán delante macheteros abriendo, los cuales remudarán a menudo, porque todos trabajen y no reciban tanto daño en las manos como suelen recibir ampollándoseles: y para abrir con certidumbre una montaña o arcabuco, haga alto el campo en parte cómoda hasta que esté abierto buen pedazo. Aquí van seguros de emboscadas, porque el indio no alcanza el intento a donde encaminan: y si el indio viniere siguiendo el campo y en el camino que se va abriendo quisiesen dejar emboscada, caerá en ella sin falta ninguna.

En este abrir de camino importará mucho una aguja, marcando la tierra, porque por ella abrirán derechamente y saldrán a la parte que quisieren; porque de otra manera, si el Sol está nublado, acaece dar mil vueltas sin aventajar camino y trabajar en balde, esto acaece más entierra llana.

Todo lo que queda dicho en este capítulo, consiste en el buen orden y disciplina; porque en faltando será imposible acertar cosa, sino fuera acaso porque la fortaleza de un ejército está más en el orden que en el número ni en otra cosa: y la experiencia nos ha mostrado en aquellas partes que con buen orden, doce soldados han rebatido y desbaratado escuadrón de dos mil indios, y por el desorden, menos de treinta indios han desbaratado copia de sesenta españoles y muértolos y llevádolos a manos algunos de ellos: y el caudillo que quisiere salir bien con su empresa, siga dos cosas. Buena orden y cuidado, que con esto yo le aseguro buen suceso, con el favor divino.

Modos de atravesar ríos caudalosos y medianos

Los ríos son los pasos más peligrosos que nuestro caudillo puede tener en sus jornadas y descubrimientos: y así los debe temer y prevenir con muy particular cuidado, porque es cosa en que se debe desvelar; porque si en un paso de esos otros ya dichos, le ofende la fuerza del enemigo, acá le ofende con mayor fuerza, pues los puede coger desnudos, desarmados y divididos: y sobre todo la fuerza e ímpetu del río, que es quien causa mayor daño, como hemos visto ahogarse mucha gente por falta de industria y conocimiento, sin poderlos socorrer, y llevarse el río la balsa con la ropa y armas sin poderla cobrar, y si algunos escapan a nado, quedan en cueros y desarmados. Pues es bien que todos estos daños y riesgos se prevengan con mucha consideración, sabiendo elegir el tal paso, y como se debe asegurar, bien pudiera en el capítulo de atrás tratar de ello, pero por desmenuzado y dar aviso más largamente de los modos y ocasiones que se suelen ofrecer, dejando la elección al caudillo, como a quien tendrá las cosas presentes, donde se aprovechará de aquello que más a propósito viere que le conviene.

Asegurar los pasos de los ríos

Cuanto a lo primero, ante todas cosas, de cualquier modo que el río se hubiere de pasar, se deben asegurar entrambas orillas con gente armada, que haga alto de la otra banda, y hasta en tanto no se debe pasar ropa ni servicio: y hasta que esté todo puesto en salvo de la otra banda, los soldados que hicieren alto de esta otra, no han de pasar ni dejar las armas de las manos. Pues para pasar estos soldados que aseguren el paso de la otra banda en el inter que el campo previene su pasaje, conviene sean nadadores y soldados desenfadados y trabajadores, los cuales si el río fuere hondable, que no se pueda pasar a vado, harán una balsilla donde pasen sus arcabuces, rodelas o lanzas, y se echarán a nadó asidos a ella y de esta suerte pasarán. También tomando cada uno su palo sobre que se eche, se excusa la balsa, llevándolo entre las piernas o debajo del brazo izquierdo y con esto nadarán de manera que no se les moje la pólvora, cuerda y fogón de su arcabuz. En la balsilla llevan más seguridad de que no se les mojará arcabuz ni municiones; pues dentro de ella no ha de subir nadie, sino asidos y nadando la pasarán. Pero si fueren palos, los lanceros amarrarán con bejucos las lanzas en ellos, y si fueren rodeleros, con sus tiracuellos se las echarán a las espaldas y las espadas en la boca; y si fueren arcabuceros, con sus cargadores se los pondrán a las espaldas a lo largo, que salga por cima de la cabeza fogón y coz y el cañón cuelgue por las espaldas abajo, que como van sobre el palo descubren parte de las espaldas encima del agua y las cuerdas en la montera o coz del arcabuz y la pólvora lo propio; llevarán sus cuchillos carniceros en las cintas y sus calzones de lienzo puestos y sus alpargatas calzadas y no más ropa, porque luego la primera que el caudillo mandare pasar será la de estos Soldados para que se vistan. Si pudieran pasar un perro o dos lo hagan, porque serán buenos para que descubran si hubiere emboscada; la cual se debe temer si van siguiendo camino abierto, y si lo fueren abriendo de nuevo seguros irán de ella, pero si fuere abierto se debe recelar, que como aseguramos el campo con arrojar estos soldados de la otra banda, también será justo los aseguremos del riesgo, mandando que se echen en su balsilla o palo en tal parte que vayan a salir más arriba del paso seguido, un tiro de arcabuz, donde con seguridad pueden alistar sus armas y déseles orden que vayan reconociendo toda la orilla, hasta el paso seguido, de donde se pueden temer; y el perro o perros que hubiesen pasado irán sueltos y ellos con sus armas a punto llegarán a reconocer el paso y los alrededores, mirando si hay rastro de indios, y en el camino adelante pondrán luego su centinela, para que si viniere gente la descubran y dé aviso y se le eche emboscada, y con este cuidado estarán hasta que vaya pasando el campo. Y si acaso al pasar estos soldados dieren en gente de emboscada, con buen orden se defenderán jugando su arcabucería, dando las cargas que pudieren, teniendo siempre el río por amparo, con advertencia de asegurar la playa, porque el indio no les coja el paso del río; y el caudillo de esta banda los alentará correspondiéndoles con su arcabucería, arrojándoles socorro de soldados nadadores. Y si no pudieren entretenerse hasta que llegue socorro, por ser la gente mucha, se echarán al río volviéndose al campo, y de propósito se harán balsas o canoas o puentes para pasar mayor fuerza, porque a esta cuenta ya la tierra estará avisada.

Canoas
Si el río fuere limpio y manso y en la orilla o cerca de ella hubiere palos para poder hacer canoas, es lo mejor de todo lo que se puede prevenir, como no sea puente. Estas canoas son de mucho servicio en muchos ministerios: los palos para ellas son cedros, caraculies y ceibas y tomadas dos canoas y amarradas una con otra, cargan con seguridad y mucho, y siendo sola, echados sus talabordones de balsa por los lados, para que no vuelque, sustenta mucha carga.

Balsas
También si el río es acomodado sin saltos o raudales, son muy buenas las balsas y muy seguras, las cuales se deben hacer de palos que llaman de balsa o rumos y de guaduas; éstas entrapan mucha agua porque se hinchan los canutos y son de poco trabajo. También se hacen de palmicha y de junco o Enea. También se hacen de calabazas, que donde hay comodidad de ellos, es la mejor invención de todas; pero lo mejor y más ordinario son los palos de balsa que a donde quiera se hallan.

Modo extraordinario para hacer balsas
Pero cuando sea necesario hacer una balsa, por no haber otro remedio, y para hacerla falte todo recaudo, diré aquí un modo extraordinario para hacerla, y es que harán un bastidor en la forma de balsa de cualesquiera varas delgadas, con sus traveseros espesos, y luego juntarán las rodelas del campo que fueren menester para hacer henchimiento, amarrándolas por las manijas en el bastidor, procurando meter las más posibles y si hubiere para dos andanas rodelas, alzará más e irá segura de majar la ropa; y si fuere una andana encima le echarán fagina, barbacoa de guaduas. Estas rodelas han de ir el cóncavo abajo y con esta balsa pasarán el hato con seguridad siendo el río manso, y de esto usarán en tiempo de necesidad.

El mejor modo de hacer balsa es en triángulo equilátero, los lados iguales, porque gobierne y navegue con cualquiera de las tres puntas, y son muy seguras en esta forma, porque si da un encuentro en el río, en palo o peña, luego vira una de las otras dos puntas con que sale sin riesgo. Esta forma no es buena para la mar porque no romperá bien el agua aunque lleve mucha vela. Es buena para este tiempo balsa larga de proa y popa, que esta: otra del triángulo sirve solo para el río que navega con la corriente.

Modo de puente
Sucede también llegar a un río de grande pedrería, ancho y hondable, donde no se puede hacer taravita, ni puente de plan, ni de crisneja, ni de árboles atravesados, ni puede echarse balsa, ni canoas, por haber grandes peñascos y saltos en él. En este tal río se hará un puente de peña en peña y de piedra en piedra, atravesando varas y haciendo su plan con los ángulos que las tales peñas demandaren, y porque no se deslicen estas varas se meten otras en el río haciendo estribo en otras piedras por entrambas partes, que apuntalan el plan del puente y lo sustentan, y de esta manera se va haciendo hasta coger la orilla.

Otro modo de puentes
Llegarán a río donde no tengan otra comodidad de poder pasar, si no fuera a nado; aquí se aprovecharán para pasar la gente que no sabe nadar, de un bejuco grueso o cabuyas con que atraviesen de una banda a otra en parte que haga el río remanso y que quede cerca del agua, amarrándolo de un árbol a otro o de una estaca a otra estaca o de peña a peña; y cuando todo falte, haciendo una zanja fuera de la orilla, hasta la rodilla, dadas sus vueltas y que hagan esquinas y otro tanto de la otra banda y tupida esta cabuya o guasca o bejuco con la tierra, quedará tan fija como si estuviera atada en árboles, y por ella podrán pasar los que no supieren nadar, metido todo el cuerpo en el río y halándose por lo cabuya estribando en el agua, y de esta manera, en la cabeza pueden pasar algunos nadadores alguna ropa, como sea poca; advirtiendo que la tal cabuya esté muy tirante para que le cuerpo se sustente, que forzosamente ha de cargar y hacer fuerza. Adviértase esta manera de pasar por si se ofreciere tanta necesidad que les obligue a ello.

También se ofrece llegar el campo a una quebrada angosta que no tenga vado; pasarán con mucha brevedad cortando un árbol que pase a la otra banda, y no alcanzando, cortarán otro de la otra, que sea enfrente, con que quedara hecho puente, añadiendo encima los palos que quisieren y fueren menester para pasar con seguridad.

Modos de pasar ríos

Otras veces llegarán a ríos que parecerá que van crecidos, los cuales se podrán pasar sin hacer puente, con todo silencio, si estuvieren en tierra poblada, entrando dos buenos nadadores a tentar el río si lo pueden pasar a volapié, y pudiéndose pasar, irán pasando poco a poco en cuadrillas, porque no se revuelvan en la corriente, asidos unos de otros, y de una banda y de otra habrá nadadores en el agua hasta la cinta y al medio para ayudarlos. De esta manera pasarán los cargueros entre los soldados con quienes irán asidos. Y advertirán que arcabuces y municiones lo llevarán en la cabeza con una mano y los indios sus cargas, porque no se mojen. En esto se han de guardar dos cosas: Ir al hilo del agua y que sea paso limpio sin pedrería gruesa.

Otro modo de pasar ríos usan los soldados baquianos, sin puentes ni balsas ni taravitas, que como son diestros saben de todo, y es, que si el río da a la cinta y es recio y está sucio de piedras, hay peligro mucho en la chusma por ir cargada con el bagaje. Los soldados que fueren nadadores cruzarán este no al hilo, no contra la corriente, porque no lo podrán sustentar, sino como digo y asidos unos de otros de una orilla a otra. De esta manera aseguran los que fueren pasando, así soldados como cargueros y gente impedida, asiéndose uno de otro por la parte de abajo al socaire y remanso del río que bate en esta gente que hacen puente, y con este reparo pasarán sin que el agua trastorne ni lleve ninguna pieza, habiendo por debajo algunos buenos nadadores con sus bordones, forcejeando en medio del río para socorrer si alguno cayere y salvar la carga que soltare algún carguero.

Si el tal río fuere de tal condición que no se pudiere pasar de la manera dicha por ser hondo y grande y de raudales, el caudillo mande armar un puente de bejucos, mandando cortar muchos y los más gruesos que se hallaren, pasando un bejuco, y de una banda y de otra lo amarrarán fuertemente a dos árboles o estacones gruesos, a falta, y sobre él irán armando su puente, que los indios amigos saben bien hacerlo: y hasta tanto que esté hecho el puente, con barandillas donde se hagan, no se consienta pasar a nadie, y acabada pasarán poco a poco y con tiento, por el riesgo que suele haber.

Ofreceráse al caudillo enviar gente fuera algunas veces a la ligera, y esta gente topar por el camino ríos que no se puedan vadear, ni hacer balsas, por tener saltos y raudales y no ser bien embarazarse a hacer puentes de bejucos, será bien hacer una taravita, amarrando de una banda a otra en dos árboles o estacones gruesos un bejuco muy grueso o una cabuya gruesa y luego se le echará un lazo a manera de columpio y en él se sienta la persona y se amarrará con otro bejuco o cabuya, atada al dicho lazo, tirarán de una banda y alargarán de otra, y asidas las manos en el lazo, se dejará ir por la cuerda sobre que está armado el columpio, y así pasarán toda la gente y ropa brevemente. Y si el campo estuviere despacio en el tal río, podrá también aprovecharse de esta taravita, aunque para mucha gente es prolijidad.

Si llegare a un salto o raudal que su hondura llegue a la cinta y que sea recio, como esté limpio, no habrá para qué esperar a buscar modo de puentes, sino tomar el hilo que el raudal mostrare o contra el agua o con ella, conforme dieren lugar las orillas, todos juntos de tropel y asidos y entre dos nadadores el que no lo sea, pasarán con facilidad, porque de esta manera quebrantan la furia del agua de tal manera, que muchachos lo pasarán sin pesadumbre y sin que suceda desgracia. Y advierto no lo pase uno solo, porque se lo llevará el agua.

Por remate de estos puentes y pasos, quiero pintar aquí uno extraordinario, fuerte y seguro, sin mucho trabajo, porque un soldado solo lo pueda hacer, ayudándose del mismo río, y es puente que aunque el enemigo esté de la otra banda guardando el paso, se hará sin ser sentido dentro de dos horas, que cuando el enemigo lo sienta, estén ya de la otra parte. Este río se medirá por matemática, si se supiere, o a buen ojo, si el enemigo lo defendiere, que si no no hay necesidad, y medido, se cortarán un golpe de guaduas a su medida, y si conviniere añadir, amarrando una con otra se puede hacer, pero mejor son enteras: y cortadas, se elegirá en la orilla de la otra banda una raíz de árbol que el río tenga descarnada o una punta de barranca: y si caso fuere que el enemigo defendiere este paso, elíjase más arriba o abajo, haciendo presencia al enemigo el campo, y de noche, enfrente del sitio elegido, se hincará una buena estaca y en ella se irán amarrando estas guaduas por la cabeza unas y por la punta otras, tendiéndolas la orilla arriba, dentro del agua, y de esta manera amarrarán tantas guaduas cuanto quisieren que sea el plan del puente; y luego con una vara larga irán desviando de la orilla una a una hasta meterlas a la corriente, que luego la misma agua se las arrebata y lleva hasta dar en el sitio que está elegido de la otra banda, que es la raíz del árbol o punta de barranca, y allí paran y estriban. Y pasadas con este modo y cuenta, comenzarán desde el principio de este puente a amarrar barrotes que vayan cogiendo todas las guaduas y latitud de ellas: y así de dos a dos pasos los irán echando y amarrando con bejuco hasta pasar de la otra banda, con que quedará fuerte y seguro, y más si le echaren unas barandillas donde se vayan arrimando con las manos, y el puente estribe: el llevarlos, el pasarlos tiene facilidad, y así cada uno verá, teniendo presente la cosa, cómo lo hará, a cuya elección lo remito, como todo lo demás que está dicho.

Aviso
Lo que advierto al caudillo es que tenga gran cuidado con la pólvora, así la que llevare de respeto, como la que llevaren los soldados, en sus chupas, en que suele haber gran descuido, e importa mucho que no se moje, que cuando se moje la ropa se pierde poco, y en la pólvora se pierde mucho.

Modos de alojarse un campo con fuerza

Naturaleza nos enseña de cuanta importancia sea la fortificación en toda cosa, como nos lo muestra en la cabeza y en las frutas, en mil varias maneras rodeadas de cáscaras, que sin este resguardo era imposible poderse conservar ni guardar algún tiempo; lo propio es en los reinos y señoríos y ciudades, que por muy grandes que sean, faltando la fortaleza, aunque el enemigo esté lejos, no se deja de estar con miedo y recelo; ora de los propios de la tierra, ora de sus vecinos.

Ejemplo de los griegos. Romanos y griegos siempre se ampararon, como gente de tanto gobierno, de fortaleza o ciudadelas. Los romanos con fortalezas mantuvieron su Imperio y patria

El turco. Persianas

El turco ha sido roto algunas veces y con las fortalezas se ha reparado y con ellas ha ganado grandes tierras y asegurádolas; y por falta de ellas los persianas han perdido campañas y ciudades.

No menos necesidad tiene nuestro caudillo de fortalecerse y asegurar su campo, y pueblos, pues ha de tener al enemigo siempre al ojo, que ya que no demande el castillo, la muralla, la contraescarpa, el través, el foso, ni la fuerza de artillería, demandará a su modo y flaqueza, otras fuerzas, que en su tanto no son menos importantes, porque como la fuerza sea correspondiente al enemigo, legítimamente es fuerza, y en ella se debe poner tanto cuidado como en otra de más prolijidad, gasto y aparato, pues con ella se efectúa el intento o se puede perder, como ya hemos visto en aquellas partes, de cuánta importancia sean. Y antes que digamos los modos de fortalezas para resistir al ímpetu del enemigo, diremos que para que haya lugar de toda buena comodidad, conviene que nuestro caudillo tenga la costumbre cuando marchare, de ranchearse a las tres horas del día, para que la gente pueda acomodarse, haciendo sus ranchos para en que duerman aquella noche o tiendan sus toldos, porque como gente cansada, tiene necesidad de refrescarse, y prevenir sus comidas y alistar sus armas y otras haciendas de más y menos importancia; y sobre todo, si se tratare de hacer algún género de fortificación, tenga hora para ello; lo que al contrario, llegando tarde, les falta toda comodidad y lugar para elegir el sitio y reconocerlo y quedan de todo punto faltos de refrigerio.

En tierra rasa es buen alojamiento

El principal alojamiento o rancheadero, es en tierra llana y rasa, llevando caballos, porque con ellos se desbarata luego al enemigo cuando acomete y es más bien sentido y el alcance más cierto y con menos riesgo; aquí puede nuestro caudillo, si alcanzare este sitio; ranchearse con cuidado de que haya quebrada de agua cerca, la cual si fuere montuosa se desviará de ella un tiro de flecha, para que no les alcance; y si fuere sin monte, se puede pegar a la barranca el Real, porque estará más fuerte y más vecino al servicio del agua, tomando por espaldas la barranca y poniendo sobre ella centinela.

Modos de sitiar el Real

Y el modo del Real se puede hacer de una calle con dos puertas o en triángulo, con tres, o en cuadra, con cuatro, dejando plaza en medio, limpia y desembarazada.

Estos modos, el propio sitio se los mostrará y elegido, repartirá su gente en escuadras; la de a caballo, en la forma que se hubiere de haber en tierra rasa, teniendo cuidado que duerman dentro del Real amarrados doce caballos, más o menos, conforme pareciese al caudillo son necesarios, los cuales estén ensillados a la jineta, sin petral ni grupera, y el freno colgado al arzón y las espuelas sean de pico de gorrión y estén atadas en el estribo del pie de cabalgar, para que no se olviden ni pierdan. Cuando salga el soldado armado, a tomar el caballo, sea también armado con sus armas, la lanza tenga hincada en el suelo cerca del caballo, para que en subiendo la pueda coger. Y para que salgan éstos de a caballo, la arcabucería limpie la cercanía de la puerta, para que puedan ganar algún espacio para poderse revolver.

Y siendo de noche, no salgan hasta que vaya rompiendo el alba, ni se desvíe uno de otro, de tal manera que todos juntos anden de tropel. Y siendo claro el día, se pueden dividir de dos en dos, pues se pueden ver y socorrer. Y los caballos; estén recogidos y en un buen pasto cerca del Real, en cuya defensa se permite salir de noche la caballería, a donde por sus cuartos los velarán y recogerán dos soldados a caballo, con sus lanzas y armas, porque no se los lleven los indios o flechen; y hecho su cuarto, salgan otros dos; y si dieren los indios, entreténganle hasta que salgan los demás del Real.

Al caballo de noche no se le echen cascabeles
Y adviertan que no lleve ninguno de noche cascabeles, porque es de mucho daño; lo que, al contrario, de día hacen provecho. Y volviendo a la infantería, tomadas las puertas con escuadras, arcabucero con rodelero y en ellas los mosquetes que llevaren; y la ronda del Real esté limpia para poder correr y andar las centinelas de una banda a otra.

El palenque asegura el campo
Y si fuere mucha fuerza de gente la del enemigo y si se hubiere de descansar algún día, harán un palenque, que es muy grande seguridad; y para una noche con un leve reparo basta, pero habiendo de descansar algunos días, es bien que se haga un palenque, como se debe hacer en una invernada, pues es fuerza hacerla donde hay gente, por las comidas.

Forma de palenques
El palenque ya saben todos que los palos han de estar muy juntos y hondos, altos de dos estados, dejando algunas troneras para la arcabucería, y sobre todo, las puertas conforme hubieren trazado y dada la faición del palenque, y esta que pueda entrar un hombre de a caballo; y si a la puerta le echaren una contrapuerta de tal forma que la una puerta de la otra desmientan una lanza entera, porque son muy fuertes entradas, y el indio no la puede entrar ni aprovecharse de la lanza si es gente de ella y la usa. Y advierta que no se le ha de echar a este palenque alrededor cintas, porque es darle escala al enemigo para que suba, que la fuerza se la deben echar en hincar bien los palos.

El mejor fuerte para indios es de tapia
Y si poblare y pudiere luego hacer un fuerte de tapia, lo hagan, que es lo mejor y más seguro; y si lo hicieren de palenque, por falta de tapiales, sea entre tanto que tienen otro recaudo; y el modo de fortificarse, el sitio se lo dirá; y siendo de tapia, harán sobre las puertas sus torrecillas cubiertas, o en los ángulos, para que la arcabucería en tiempo de agua pueda ser de provecho y para aprovecharse de la piedra. Pocas veces se ha usado de estas torrecillas, ni hay para qué usarlas, si no fuere en una muy conocida ventaja y necesidad que les constriña a tanto reparo.

Reparos para una noche de necesidad
Si acaso marchare el campo o una cuadrilla sola a hacer algún efecto y se hallare metido entre mucha gente y no pudiere fortalecerse por ser tarde o faltar comodidad, es buena prevención cortar mucha rama gruesa y cercar con ella a modo de trinchera y reparo, que al fin se entretiene al enemigo y allí quiebra la furia con que viene, principalmente si la arcabucería juega a tiempo. También si echaren otra segunda cerca dejando hueco en medio es mejor. También se puede hacer de guaduas y será fuerte por las espinas y púas que tienen. También de palmas espinosas o cañas bravas. Y a falta de todo esto, con las mismas petacas y hato se puede hacer un género de estropiezo que para gente de lanza es estorbo, porque carpo envisten de tropel, pasan sin detenerse, llevando de golpe lo que pueden, en hallando estorbo quedan cortados y desbaratados como juegue la arcabucería. Y lo mejor de todo es hacer sus ranchos donde se pudieren hacer, trabando unos con otros, sitiándose al modo que el sitio diere lugar. Los ranchos de agua y media son los mejores, haciendo plaza, porque así se estorba al enemigo y los ranchos quedan escombrados y los soldados se comunican, y con cuidado de que la plaza esté limpia sin que tenga estropiezos que les impida al andar; pues si faltare comodidad de hacer ranchos, se pueden hacer de toldos al mismo modo.

Ardides para alojarse poca gente
También para poca gente es buen ardid, como sea para una noche, ranchearse en un bejucal espeso, haciendo la plaza y limpiándola amachete y hacha, dejando del bejucal enredado un modo de cerca, dejando la puerta o puertas que el sitio mostrare convenir. Esta manera de rancheadero sirve de desmentir al enemigo, abriendo por la mañana camino nuevo, marchando a donde hubiere de ir a salir, porque si saliesen por el camino abierto, corren riesgo de emboscada. Y si es tierra de flecha, adviertan un modo de cerca que parece cosa de risa y es muy gran reparo, limpiando su plaza primero en el arcabuco o monte y alrededor ir enredando los árboles grandes y chicos, como cayeren en el circuito de la plaza, con cabuyas o cuerdas de los arcabuceros, y de ella colgar mantas de las del servicio y soldados y frazadas que estén estado y medio de alto y al pie de ellas arrimada toda la ropa en redondo, dejando las puertas que pareciere convenir y éstas muy estrechas, y estén seguros que aunque los indios arrojen mucha cantidad de flechas, no harán daño, porque respecto de los árboles no las pueden tirar por alto, sino derechas, forzoso han de dar en el cerco de las mantas y como están colgadas y en banda, en entrando la flecha cuatro dedos, luego cabecea y queda colgada, conque de ninguna manera puede ofender al real, y este reparo es bastante.

El mejor sitio de todos, así en tierra de lanza como de flecha, ora llevando caballos o no, es un alto sin padrastro, en donde el indio no les pueda ofender con la flechería y que de este alto se pueda señorear la campaña, porque es mucha fuerza para poca gente ranchearse en alto, porque aunque no tengan otra fuerza, es bastante.

Ya que hemos dicho algunos modos de fuertes para la defensa de nuestro Real, quiero concluir este capítulo con dar algunos avisos necesarios así marchando como en una invernada o poblazón.

Avisos al caudillo
Tenga por aviso nuestro caudillo de no consentir al soldado que toque alarma incierta; sino certificándose primero muy bien, y cuando se haya certificado, dé primero el alerta, como queda dicho, y luego dé el alarma,

sino fuere un tan gran repentino que no lo pueda excusar. Advierto esto, porque hay soldados que de muy chapetones o temerosos, en cayendo una fruta del árbol, o un palo, o que un mico haga ruido, o un tigre o león u otra salvajina, disparan el arcabuz, tocando arma, y alborotan el campo sin propósito, teniéndolo toda la noche, inquieto.

Asimismo tenga por aviso hacer a la centinela que ni se siente, ni arrime, porque no se duerma, ni tampoco ande mucho, aunque esté muy limpia la ronda, porque son tan sutiles los indios que, en una vuelta que da la posta, se meten arrastrando las barrigas por el suelo y cuando ven que la posta va volviendo, paran: todos estos ardides tienen para dar el repentino asalto; y con estar parada la posta, mirando por lo bajo, a un lado y a otro, no lo darán y serán sentidos; y doblándola, será lo más seguro. Y asimismo no consienta, que las rondas de a caballo que anduvieren alrededor, y ronda del Real que la una se entiende para el ganado y caballos, no traigan cascabeles, porque de noche son de gran daño y perjuicio.

Tenga por aviso no consentir que duerma ningún soldado desnudo ni descalzo; y para esto tenga por costumbre requerir de noche los soldados de quien no se tuviere mucha satisfacción, y si el tal llegare mojado y se quisiere mudar, advierta que ha de dormir calzado, que es muy gran falta que en un alarma se halle un soldado descalzo, pues no puede andar listo por los estropezones de palos, espinas y piedras, que con la alpargata no le estorba nada de esto.

Séale aviso que en tiempo de sospecha no se desarme nadie, sino que duerman vestidos los sayos de armas y los arcabuces muy prevenidos, porque es arma muy tardía en un repentino: aquí ayudan mucho las lanzas para entretener el ímpetu del enemigo, en el entretanto que juega la arcabucería.

Séale aviso el requerir muy de ordinario las armas de los soldados para que no haya descuido en ellas.

Séale aviso a nuestro caudillo en tiempo de riesgo, doblar las centinelas para asegurar el descuido que una centinela sola puede tener, y sea arcabucero y rodelero.

Séale aviso evitar el murmullo en su campo y particularmente de la chusma y más si entre ella hay indias paridas, que éstas tales suelen pellizcar a los niños porque lloren, todo a fin de impedir a la centinela el oído para que mejor pueda entrar el enemigo, y en esto ponga gran cuidado a su tiempo, porque si no hay silencio, mal puede la centinela hacer su oficio, y no haciéndolo, haber seguridad.

Séale aviso a nuestro caudillo en cualquier asalto que los indios dieren, ora sea de noche o de día, no desampare el Real, porque le sucederá daño, hasta que con mucha orden su ropa y bagaje la lleve antecogida, y para esto saldrá de día y con mucha cuenta.

Séale aviso que en el Real tenga lumbre toda la noche, en parte que aunque lleva no se le apague y que junto a ella no duerma nadie, y la centinela haga allí guardia, porque suele acaecer venir dos indios solos por el monte a solo flechar los que pueden divisar. Y si lloviere y acertaren a estar sin ramada, rancho o toldo para lumbre, cobíjenla con cosa que haga reparo y las centinelas la requieran porque no se apague y si fuere tanta el agua que no lo tuviere, enciendan cuerdas para que se hallen con lumbre para los arcabuces.

Séale aviso asegurar siempre la cadena de los presos, dada vuelta a un árbol, y si fuere sabana, hincará para el efecto un buen palo, que importa mucho la seguridad; y póngale su guardia.

Séale aviso no consienta de noche ni de día salir del Real nadie sin orden, que en esto hay gran descuido en algunos caudillos y suceden grandes males.

Y asimismo tendrá por aviso no consentir salgan indios del campo, así del servicio como amigos, en tierra de sospecha, por agua o leña, o palmicha para ranchos o a pescar o a chuchear, sin soldados que les hagan alto, por el riesgo que corren del enemigo, que por momentos suceden desgracias; demás que con este cuidado no se le huirá el indio.

Tendrá por aviso no consentir jugar al soldado las armas ni la ropa, porque el caudillo está obligado a suplir las faltas al soldado y con poco cuidado que ponga en esto, las ha suplido y remediado.

Séale aviso en tierra de guerra al tiempo que llegue al campamento a ranchearse, en el ínterin que se ranchea, hagan alto algunos soldados con sus armas, porque no suceda dar el enemigo y cogerlos a todos descompuestos y desarmados. También al levantar el real para marchar haga la propia prevención, a quien tocare aquel día la vanguardia, haciendo alto en el entretanto que el campo atea y carga.

También le sea aviso al caudillo, si se viere con poca gente en aprieto, haga demostración de ranchearse con grandes candeladas, y en cerrando la noche marche, si la noche fuere dispuesta para ello, y si no fuere desvíese con su campo, echando emboscada en parte que las pueda socorrer.

Séale aviso que en todas las partes que tuviere cercado al enemigo, después de haberle requerido con la paz y hecho muchos ofrecimientos, si no quisiere venir en ella, abrevien con ellos, procurando desbaratar sus designios, porque es señal que esperan socorro: y para prevenir a esto apretarán a algunos de los prisioneros que se hubieren tomado para que declare por la parte que lo esperaban, para que en el camino se le eche emboscada.

Séale aviso, que el rato que estuviere su gente ociosa la enseñe y ejercite en todas cosas de armas y solturas, haciendo buen maestro, pues el capitán lo debe ser en todo, que con esto hace el deber y excusa la ociosidad, que es maestra de grandes males y malos pensamientos.

Débese trabajar porque el enemigo no se glorie de llevar despojo. Ejemplo de Julio César

Trabajará siempre el caudillo porque el enemigo no se glorie de haber llevado algún despojo. Julio César trabajó esto bien y lo mostró cuando lo desbarataron los alejandrinos, que echándose a nado en el río Nilo, pasó armado, llevando en la una mano los comentarios y nadando con la otra, llevando en la boca la vestidura.

El caudillo debe acudir en persona a todo lo importante. Al soldado se le ha de castigar con la espada

A todo lo importante debe el caudillo acudir en persona, sin fiarlo de nadie, si quiere le sucedan las cosas prósperamente; porque va en gran peligro de perder la honra, ganada de muchos años, en una hora, si el enemigo lo coge desordenado; y así en el soldado que no observare la orden, es justo el castigo con la espada en la mano, que con esto queda castigado y honrado. Y siendo cosa leve, bastará una represión, echándole a la usanza, algunas guardas.

El caudillo no ha de escribir contra soldados, salvo para quitarle la vida por traición o motín. Si el caudillo admite chismes se descompondrá y perderá

Y absténgase de hacer procesos por ninguna vía, si ya no fuese que no se puede excusar de quitarle la vida por motín o conspiración, que para su descargo le convendrá procurando evitar chismes, no admitiéndolos, que descomponen mucho a los que mandan y cría grandes males; y siempre componga amistades, porque no haya bandos, siendo padre de todos, sin mostrarse parcial.

El modo que nuestro caudillo tendrá en dar trasnochadas

Las trasnochadas son importantes. Modo de trasnochadas
Ninguna herida hay tan cierta y segura como aquella que se da por el propio filo, y con razón se debe llamar diestro aquel que la diere, si para darla ha prevenido con conocimiento el medio proporcionado, que con él irá seguro del buen suceso; y esto pasa así en las armas como en los demás ardides de guerra; y como mi fin e intento sea advertir de todas las facciones de esta milicia de que tratamos, que tan diferente es de las demás, hay necesidad que también digamos muy por extenso todas las maneras de atraer a nuestra comunicación aquella gente que, con orden del rey nuestro señor, se va a pacificar y procurar su conservación; y porque muchos caudillos pueden ignorar lo que tan necesario les conviene saber, diré sobre las trasnochadas y de cuánto fundamento son y en qué tiempo y ocasión se darán, y cómo se debe usar de ellas, por ser el mejor ardid y más conveniente para conseguir lo que se desea, porque mediante el trabajo que en esto se toma, se tendrá el premio de lo que esperan, que es ver la tierra pacífica y los naturales domésticos; y demás de esto se redime mucha guerra que nos suelen dar estando descansados y holgados, porque toda su guerra son trasnochadas, que como es gente traidora son éstas sus armas; y así han hecho muchos lances en los nuestros tomándoles descuidados: y es buen remedio acometerles con la misma herida para que no nos inquieten y nos teman; y lo más principal para que se tomen algunos de ellos para asegurar las paces, soy de parecer que el caudillo use mucho de estas trasnochadas, no permitiendo que se les haga daño injusto, porque con esto, cansados y temerosos, darán la paz y se aquietarán; y de tal forma se portarán con ellos, que en todo se corresponda al intento del enemigo, porque allí solo gane la mayor diligencia y presteza, porque la hora más importante de su guerra es la noche que son aves nocturnas, y así se debe seguir el mismo camino, porque con él se desbaratan sus intentos y se les cortan todos sus pensamientos y fuerzas. Estas trasnochadas, según las ocasiones que se ofrecieren, se usará de ellas, marchando el campo a la sorda, antes de ser sentidos, que es buen aviso no mostrarse hasta tener hecha presa; y así el caudillo enviará

adelante, de noche, una escuadra de gente, para que amanezca en la población, para tomar lengua de la tierra y habiendo hecho efecto, hablará con sus lenguas a los indios que tomare, dándoles a entender su venida; y en el entretanto que llega el campo, si necesario fuere, se fortificará. Esta trasnochada se dé con guía, o por humos vistos de día, marcando la tierra y siguiendo la candela de la noche.

También se deberá dar trasnochada en un alcance, siguiendo de día el rastro y de noche la lumbre que se hace, que entonces muy a salvo se dará el asalto.

Por qué se debe dar trasnochada y a qué tiempo

También se debe de dar habiéndose alzado la provincia, quebrando la paz que hubiesen dado. Esta trasnochada ha de ser con la mayor presteza posible y con muy gran cuenta y aviso por el alboroto y vigilancia que los indios traen consigo, huyendo del castigo que esperan.

Otro modo de trasnochada

También se debe dar en una junta que suelen hacer los indios en una borrachera, para desbaratada, y que no tengan lugar de sus ligas y conspiraciones, porque a todas horas les parezca que han de estar sobre ellos los nuestros, y que cuanto trataren e hicieren lo han de saber, que esto es fácil de hacérselo creer, pues nos tienen por hijos del Sol y así nos llaman en las nuevas conquistas.

Ocasión en que se debe dar trasnochada

También se deben dar trasnochadas en una retirada, como ya queda dicho, siendo dispuesta la tierra para ello y dejando, para desmentir al enemigo, candelas hechas marchando con todo silencio, asentando el soldado el pie donde lo levantare el otro; y en esto se advertirá mucho, que a la sorda pase cualesquiera palabra y orden.

Advertimiento

Adviértanse los ríos que se hubieren de pasar con balsas o con otro cualquier artificio, como no sea por puente o vado seguro, no se pase de noche si no fuere con Luna, salvo si no fuere en canoas y que toda la gente vaya junta y seguros de toda desgracia.

La trasnochada en noche lluviosa es la mejor
Adviértase que para hacer efecto, la mejor trasnochada de todas, aunque se pasa más trabajo, es la noche lluviosa y tempestuosa, porque esta tal lleva dos seguridades: la una de no ser sentidos, y la otra de que los indios están todos recogidos dentro de sus caneyes o buhíos; por el contrario la noche apacible duermen fuera de sus casas a las puertas y enramadas, y en el campo, en pesquerías y labranzas; y con el aguacero, como estén descuidados de guerra, andan menos indios de noche.

Avisos al caudillo
Séale de aviso al caudillo que los soldados en estas trasnochadas lleven sus cuerdas o contracuerdas encendidas y sus canutos en que las lleven, así para que no se les apaguen como para que no las mojen con el agua y rocío y también para que no sean vistas.

Adviertan a que lleven los perros de trahílla y que no se pisen, porque en una trasnochada, respecto de este riesgo, suelen dañar, porque si los aciertan a pisar, dan ladridos y de noche suena mucho y alborotan la: gente si acierta a estar cerca y así se han de encomendar a soldados de mucho cuidado.

Advertencias
Advierta el caudillo y soldados a que si cayere y rodare alguno por cuesta y despeñadero que aunque se descalabre o reciba otro cualquier daño, que no grite; ni los que le vieren despeñar o rodar, aunque sea el caudillo se alboroten, porque de aquí no se saca provecho y se podría perder la ocasión por ser sentidos ora de algún centinela o de alguna labranza que esté cerca, que siempre hay gente, o de la población que acierte a estar junto; y de tal manera es esto, que sintiéndose cualquiera cosa, corren dos riesgos, el uno perder la presa y el otro a que les echen emboscada antes de llegar a la población, y es mala, y mucho más si es de noche, que si alguno rodare, a la sorda se puede hacer alto y el que más cerca

estuviere le socorrerá si hubiere necesidad, que como callen, aunque se oiga el golpe de la rodela, piensan que es algún palo que cayó en el monte o arcabuco y se aseguran: y con tal cuenta y razón marcharán, que no se quiebren, no perdiéndose el uno del otro, así para la fortaleza como para pasar bien la palabra u orden que se diere a la sorda, como queda dicho ser necesario.

Adviertan a que se tenga mucho cuidado con los arcabuces, así para que no se mojen como para que en el fogón no caiga una centella de la cuerda, que demás de ser peligroso en poder matar al que va delante o al que va detrás, se pierde la ocasión disparando, porque se puede oír la respuesta: y para esto es bueno sus encerados o cera negra sobre la cazoleja, que tape las aberturas y entre el polvorín y cazoleja una vedijilla de lana, para más seguro, así porque consume la humedad del polvorín, como porque retiene el fuego que no lo deja pasar a topar con la pólvora.

Advertimientos

Adviértase a que si fuere montaña o arcabuco y la noche fuere muy oscura y la gente estuviere desviada con seguridad de que no pueden ser sentidos, por no llevar camino seguido, más de que la guía se va siguiendo por marcas, podrán llevar algunas candelillas de rollete encendidas a trechos, porque con ellas se abrevia el camino: y si faltare, algunos hachos de palma, pero de estos pocos y con cuidado, cuando estuvieren cerca matarlos.

Adviértase que si para dar la trasnochada se caminare algún día, no se haga lumbre, porque por el humo serán descubiertos y si de noche pararen, tampoco se haga, sino fuere en montaña, que allí con seguridad la podrán hacer, porque de noche no se ve el humo y por ser en montaña la lumbre: advirtiendo a que no se haga en roza ni en chapa clara.

Adviértase que se ha de llegar a dar el albazo antes que sea de día y para esto conviene llegar con tiempo y esperar la hora algo desviado de la poblazón, porque si se hiciere ruido no se sienta, arrojando espías sobre la poblazón y dése el albazo antes que el alba rompa, porque los indios tienen de costumbre a este tiempo salir de sus buhíos a sus necesidades y podrían sentir la gente: y ésta es buena hora porque en el entretanto que se rinde, llega el día y se ve lo que se hace.

Adviértase mucho en el repartir de la gente, si estuvieren desviadas las casas o poblaciones, que todos den a un tiempo, dando la seña: al apuntar de la Luna si a este tiempo saliere o se pusiere, o cuando esto faltare sea al romper del alba por seña, porque no se sufre tocar trompeta ni disparar arcabuz, porque si hubiere otras poblaciones cerca que no se hayan visto, que dé tiempo para ellas, cogiéndolos descuidados. Y esta división de la gente sea de manera que se puedan socorrer unos a otros, que no estén tan lejos que no se oiga la seña del recoger; y el caudillo antes que acometa, reparta su gente, ordenando a cada uno lo que hubiere de hacer, porque después no se puede seguir segunda orden, que es diferente un albazo a una guazavara, porque con la primera orden se ha de acertar o errar.

Adviértase que, como queda dicho, no se ha de disparar arcabuz, así porque en las poblaciones cercanas no se sienta, como por el riesgo que corren nuestros españoles en matarse unos a otros, si ya no es que se vean en aprieto que les obligue a ello; pero ha de ser recogiéndose primero todos a un lado.

Adviértase a que así como se arrojaren sobre el buhío o caneyes o fuerte, conforme estuvieren repartidos, se arrojen dentro soldados que para ello estarán señalados, si no fuere que estén ya puestos en arma los indios, y si lo estuvieren, no lo hagan hasta que venga el día, cercando por todas partes que no se les pueda ir la gente, guardándose a las entradas de los dichos caneyes o buhíos o fuertes, que suele haber trampas, púas y otras invenciones, porque estando en arma todo está listo; y venido el día se ve lo que se hace. Pero si acaso están descuidados, se arrojarán con cuidado a las entradas de las puertas, llevando sus morriones puestos y embrazadas las rodelas, cubriendo la vista por la flecha, por si algún indio fuere tan presto que al ruido coja el arco, que duermen con él en la hamaca y barbacoa; y los que entraren arrinconen luego la gente a un lado, sin dividirse sino haciéndose una media Luna. Y el caudillo a este tiempo, tenga tomadas las puertas con gente y los lados, que suelen tener puertas falsas por donde se salen o las abren allí de golpe. Y advierta que no hay caney que no tenga dos puertas principales a las culatas y cuando no haya más de una, la otra será secreta.

Adviértase a que no se suelten en esta ocasión perros ningunos, porque se arrojarán luego a entrar y los indios los matan y para evitar esto, mándese los tengan de traílla. También será bien que en esta coyuntura los indios amigos echen su cerca más desviada que la de los españoles para que no se huyan ni escapen los culpados y se prendan, porque causará mayor daño y juntarán la tierra sobre los nuestros y serán causa de alterarse todos.

Advierta nuestro caudillo que si se pusieren en defensa, se requiera con la paz, con lenguas que se dejen prender, prometiéndoles que no les harán daño, sino fueren culpados, que con esto se suelen allanar y aún entregar los delincuentes.

Advierta el caudillo que antes que dé en a población embosque toda la ropa que llevare y gente inútil y no lejos de ella, para que pueda ser socorrida y amparada si sucediere algo.

Modos de trasnochadas
Dos modos de trasnochadas se me habían olvidado importantes, y así será bien se digan: y es, que después de haber enviado delante alguna lengua o aviso que convenga a la disposición del hecho, como que los quiere hablar de parte de los españoles, haciéndolos juntar aquella noche para que se dé el albazo de ellos. Esto se entiende con gente que se ha rebelado y quebrado la paz, que con gente nueva no se debe hacer.

También es muy segura trasnochada, habiendo hecho presa y saliéndose de la tierra, revolver a cabo de dos o tres días a la ligera, porque hallará en los buhíos y población, junta la gente de la comarca.

Aviso al caudillo
Séale aviso a nuestro caudillo, con presteza en dando el albazo, recoger su gente, si la hubiere dividido, y con la presa que hiciere se retire luego al campo o a la parte donde salió, doblando la jornada, porque si no lo hace correrá riesgo de emboscadas, si esta retirada no la hace con mucha presteza, y desmintiendo el camino que trajo o llevó para dar el asalto, y

que sea por la parte más limpia que pudiere de balsares o malos pasos. Esta presteza importa mucho en todos los casos que en esta milicia se ofrecieran y particularmente en salvar una presa. Y todos estos avisos y los demás que diré, son fundados para bien y para que no se haga mal, que como son forzosas estas pacificaciones, hay necesidad que sepan cómo se han de valer en ellas, procurando nuestra defensa con el menor daño de los naturales.

Modo de dar y recibir emboscadas

Son tantas las invenciones de guerra que usan los naturales de aquellas partes, como ya queda dicho, que nos han enseñado algunas de que usamos y son necesarias para contraminarles. Una de las cosas de más daño que yo siento en la guerra y lo que más se debe temer, son las emboscadas, porque por mucho cuidado que lleve un capitán, si se la dan, no dejan de lastimarle. Y así, a mi parecer, debe el caudillo procurar dos cosas: La una, dar siempre emboscadas al enemigo, que es cosa que en gran manera le desbarata y quebranta el ánimo y fuerza; y la otra, huir de ellas todo aquello que le fuere posible; y así para lo uno como para lo otro, daré los preceptos y avisos que más pudiere y alcanzare, encargando a los caudillos que busquen nuevos modos conforme a las ocasiones que entre manos tuvieren, que como se desvelen en ello, el tiempo y la ocasión les enseñará.

Emboscada universal

La emboscada más ordinaria que se echa es en un camino real muy seguido y hollado, para tomar alguna gente para guías o lenguas de la tierra, o para golpe de gente que se sepa de cierto vienen por el tal camino; y si es encrucijada, será más cierta la presa. El modo de echarla es, que adonde la quisieren poner no ha de haber rastro, porque el que trajere la gente parará; y de allí adelante se arma la emboscada metiendo las dos mangas de soldados por dentro del pajonal, balsar o arcabuco; y esto tome trecho de un tiro de piedra y no estén muy juntos ni muy largos y algo desviados del campo, con tal cuenta que por la parte que el enemigo ha de entrar, estén divididos del camino, para que no sean sentidos y entren en la emboscada; y el que hubiere de dar el Santiago, esté muy pegado con el camino donde remató el rastro que traía nuestra gente, que a este tiempo estará ya toda la gente dentro de la emboscada. Advirtiendo que con el que hubiere de dar el Santiago, estén media docena de buenos soldados; y a la parte por donde entrare el enemigo, estén juntos otros tantos, todos muy cubiertos entre las ramas, sin hacer ruido; y el que diere el Santiago tenga su arcabuz listo para que en llegando a él el golpe de la gente, lo dispare, que esta será la señal para todos los que estuvieren de emboscada, los cuales tomarán el camino y lados, con espadas y rodelas, porque no se ha de disparar arcabuz ninguno más del de la seña, como está dicho, y eón esto la gente que hubiere entrado en la emboscada revolverán por donde entraron y se hallarán cercados, porque estará tomado el camino, y los indios, oyendo de todas partes voces y rumor, que aquí solo se permite, se turban y cortan. Y advierta el que diere el Santiago que, si por desgracia no le saliere el arcabuz, coja su espada y rodela y dé de boca el Santiago, respondiéndole todos de mano en mano, en toda parte. Y advierta que, antes de echar la emboscada, la tropa se desvíe del camino con la gente inútil e impedida. Los indios amigos estén con sus armas entre los españoles, conforme los que hubiere porque son de mucho efecto. También estén cerca algunos arcabuceros por si el enemigo tuviere tanto tesón que pusieren en condición la victoria, que pocas veces acaece esto; y a tal tiempo, será bien acudan recogiéndose y juntándose a cuadrillas para más fortaleza. En esta emboscada, antes de darla, excúsese todo rumor. Esta manera de emboscada ha de ser esperando mucha gente, porque si es para solo tomar guías, no hay necesidad de tanto trecho ni disparar arcabuz.

Emboscada
También se echa en quebradas, por donde siguen sus caminos, agua abajo o agua arriba.

Modo de emboscada
También se echarán estas emboscadas cuando se da en una población sin ser sentidos y la hallaren desierta, por estar los indios en sus pesquerías o

rozas, en los mismos buhíos o caneyes, se podrá echar, dejándolos venir y entrar dentro: y si hubiere ceja de arcabuco cerca de los buhíos, se echará fuera.

Otros modos de emboscada

También se echará en un rancheadero, dejando ir el Real, con orden que cuando se haya encubierto paren y estén con silencio, porque luego los indios acuden a los buhíos y rancheaderos a ver si se ha olvidado algo o si dejan enterrado algún muerto para comerlo, allí es buena la emboscada.

También es buena emboscada dejándola echada donde se hubiere hecho alguna justicia, porque luego acuden a cargar el muerto y allí lo lloran, diciendo mil ignominias de los soldados, y al tiempo que lo cargan es bueno salir de la emboscada; y no son pocos los que se hallan a este entierro.

También es buena emboscada, cerca de donde se tuviere el ganado y caballos, porque los vienen a hurtar y flechar.

También es muy importante emboscada y remedio, en camino que se va abriendo, por salvar alguna emboscada que sé haya reconocido en el camino abierto, porque como el enemigo ve que los cristianos no entran en la que tienen armada, se levantan y siguen el rastro, y allí es bien tenérsela aparejada, que es cierto el caer en ella.

También se debe echar emboscada antes que el campo se ranchée, a un buen trecho, por si el enemigo viniere siguiendo nuestra gente.

También es buena emboscada, y la más importante de todas, cuando el enemigo viene siguiendo y picando, alargar el campo el paso, que parezca se pone en huida; y cuando esto pase esté ya señalada la gente y repartida para echarles emboscada, la cual pasará a la vanguardia, y en el paso que la hubieren de dar, se irán quebrando con su cuenta y razón ya dicha, y el Real irá pasando por medio de ella. Y adviertan que en el balsar, pajonal o arcabuco que se hubiere de echar, no hagan rastro y la gente del campo pase con cuidado, sin salir del camino, por no hacerlo; y el campo pare en tal parte que pueda socorrer si necesario fuere.

También es buena emboscada llevando caballos, haciendo demostración al enemigo con dos docenas de soldados de a caballo, llevando otros tantos indios a las ancas y haciendo que se vuelven, los soldados queden emboscados y los indios se vuelvan con los caballos al campo, vestidos estos indios, porque no se diferencien de los soldados; con orden que al otro día por la mañana vuelvan al mismo puesto, porque los soldados aquella noche han de marchar a echar su emboscada, junto a donde suelen salir a hacer la perneta, y como ven otra vez los caballos, salen al mismo sitio, descuidados de la emboscada que está allí.

Aviso a los soldados
Séales aviso a los soldados que se hallaren: en cualquiera emboscada, que dejen entrar al enemigo y no se levanten ni alboroten hasta que dé el Santiago el que lo tuviere a cargo, aunque por los ademanes conozcan que son sentidos, porque vienen temerosos de la emboscada y suelen decir en su lengua que se levanten, que ya son vistos, y para esto hacen sus ademanes muy al natural, y al que no supiere bien de esto, ni fuere muy reportado, le harán picar, pareciéndole que son vistos y descubiertos, y así todos estén quedos hasta en tanto que oigan el Santiago, si no fuere que cierre con él el indio, porque a este tiempo no hay que aguardar.

Advertimiento
Ya que hemos dicho cómo se han de echar las emboscadas y aprovecharse de ellas, será bien entiendan las que usan los indios, para que de ellas se guarden, que es cosa muy importante por el daño que hacen a nuestros españoles.

Costumbre de indios en sus emboscadas
Tienen de costumbre los indios echar sus emboscadas en quebradas o ríos. En la quebrada usarán de esta invención: Que una cuadrilla de soldados sueltos vaya delante del campo al ojo, y vaya fuera de la quebrada en la ceja del arcabuco, con algún perro suelto para descubrirla. Esto se ha de hacer donde hubiere sospecha de ella; y si dieren con ella, el campo en oyendo las voces o arcabucería, haga alto enviando gente al socorro. Y si la quebrada fuere de tal manera que los sobresalientes primeros no puedan pasar por los lados por su aspereza y forzoso hubieren de seguir por medio de la quebrada, estos sobresalientes vayan con el cuidado

posible, sus arcabuces en las manos, cebados y dos clavos de cuerda encendidos, con tal cuidado que en todos los pasos malos hagan alto a que llegue el campo. Y si fuere cierto estar sentidos ya en la tierra, podrán limpiar con los arcabuces el tal paso, porque los indios sonde tal condición que, en oyendo arcabuz se levantan de la emboscada con vocería, y particularmente si sintieron hacer él golpe de la bala en el sitio de donde la tienen echada. Y si acaso fuere que con toda esta prevención la dieren de todas partes, hagan los soldados que se retiran un poco para que los indios se descubran, para mejor hacer efecto en ellos y allí, con orden y cuenta, como si fuese una guazavara, se habrán con ellos no desamparando el rodelero al arcabucero. Y si la tal quebrada fuere de condición que no se puedan retirar sin daño, la mitad de la gente vuelvan los rostros a un lado del contrario y la otra al otro, fortaleciéndose espaldas con espaldas: los arcabuceros y sus rodeleros por delante de cada uno, de manera que queden puestos en cuatro hileras; y cuando no estén muy juntos será mejor. Y si el enemigo fuere de lama, los rodeleros sean lanceros, para mejor entretener, porque la rodela es inferior a la lanza del contrario. Y adviertan que el tiro que se disparare sea bajo, porque siempre sobrepuja, demás de que tienen de costumbre al encender el polvorín o al apuntar, echarse en el suelo, y haciéndose así, no se errará tiro, si ya no fuese que estuviese el arcabucero tan cubierto que el enemigo no le viese apuntar. Suelen soldados muy baquianos, hacer que apuntan con el arcabuz sin pegar fuego, hasta que les parece tiempo que se pueden levantar y así emplean sus tiros; y acaece muchas veces apuntar con el arcabuz sin pólvora ni municiones, y detenerlos con esto, por el temor que les tienen.

Aviso al arcabucero
Advierta el arcabucero de no disparar su arcabuz, hasta que el compañero le diga que tiene cargado, pero el uno y el otro lo han de hacer con presteza; y en el entretanto haga sus acometimientos como que les quiere tirar, para entretenerlos.

Emboscadas de indios

Suelen echar los indios emboscadas en una labranza, alrededor de ella, porque los soldados, codiciosos en buscar la comida, se desbaratan: y es mala consideración que se pongan en riesgo por la comida, pues el servicio la puede coger, y en el ínterin el soldado es bien esté listo con sus armas alrededor de ellos, y siempre se coja lo más arrimado a un lado de la labranza que ser pudiere, evitando el daño que de todas partes les puede venir, porque de esta manera de sola una parte pueden ser ofendidos y con cerrar y desbaratar breve por donde les acometieren quedan todos los demás desbaratados.

También la echan en un alto o mal paso, y cuando el campo llega a él se están quedos hasta en tanto que van bajando al medio de la cuesta y a este tiempo salen de la emboscada, soltando gran cantidad de galgas y de flechas con que desbaratan un campo; y si responde de abajo la emboscada y los coge desbaratados de las galgas, se perderán. Para esto, el caudillo, en estos altos o malos pasos, siempre deje la cuarta parte de la gente más ligera en el alto y todos enciendan sus cuerdas; y los que quedaren miren que este alto no lo desamparen hasta que el caudillo con el campo haya cogido el llano y esté fuera del riesgo de las galgas, que como los indios vean quedar gente, se están quedos y los de abajo no responden; y luego estos soldados bajen la cuesta con la prisa posible, pues están a la ligera, porque el indio, aunque salga de su emboscada, no los pueda ofender con las galgas y el campo abajo les haga alto, que de esta manera a mi cargo si les ofendieren. Y si acaso fuese que el enemigo dé en los que quedaron haciendo alto, en el ínterin que baja el campo, peleen y no lo desamparen, porque se perderán los unos y los otros, y el campo torne a tomar el alto, haciendo de la retaguardia vanguardia, y si respondieren de abajo los indios, con buena orden y retirándose, cojan su alto juntándose con los compañeros, y allí elegirá el caudillo lo que más convenga para desbaratar esta gente y bajar con seguridad; y para subir un alto el campo se usará de las prevenciones dichas atrás.

Riesgo de emboscada de indios
También sucede ir pasando el campo una media ladera y de arriba del alto dan con galgas la emboscada respondiendo de abajo, y para no caer en este inconveniente y riesgo, debe mandar a algunos soldados que cojan el alto antes que el campo comience a pasar: y los que lo tomaren, suban con mucho recato, porque en los altos suele haber piedras grandes o matas en que pueden estar emboscados los indios, y si suben con descuido recibirán daño. Y si caso fuere que no puedan tomar el alto si por la parte que entraren fuere peña tajada y derrumbadero y fuere fuerza ir por el camino, pasen de cuatro en cuatro, hasta que de la otra parte se haga una buena cuadrilla que con ella puedan tomar el alto, por mejor comodidad, si ya no quisieren que pase de esta manera el campo todo y que a caso forzoso así es mejor, por el menos riesgo que tienen cuatro soldados que el campo todo junto en tropa.

Suelen los indios echar emboscadas cerca de su población, poco antes de llegar a ella. Aquí se camine con mucho cuidado, las cuerdas encendidas, los arcabuces listos: y si la dieren espaldas con espaldas, como queda dicho, se peleará.

Suelen echar emboscada después que se vuelve la cuadrilla que ha salido a correr la tierra, cerca del Real o pueblo de españoles, porque como allí es tierra ya segura y la gente no va en orden, el uno dejando el arcabuz, el otro el sayo de armas y el otro la rodela, dándolo a los mozos, conocen este tiempo, principalmente los indios prácticos, y como los cogen descompuestos, los matan y desbaratan, quitando la presa; y es muy mal hecho que el caudillo, hasta que esté dentro del Real o pueblo, consienta este desorden y no vaya con mucho cuidado, para lo que le pueda suceder.

Emboscadas que echa el indio
Suele el indio echar emboscadas en la aguada, cerca del real o pueblo y en las rozas o labranzas y en las quebradas donde van a lavar las indias del servicio adonde se va a coger leña. Todo esto se debe prevenir para que con todo cuidado se recele, porque suelen llevarse el servicio. Y para esto usen llevar sus perros, porque descubren, que como es gente poca

la que viene a esto, luego se ponen en huida en sintiendo el perro. Y si fuere tierra de arcabuco o balsar, rócenlo y tálenlo todo, porque como esté escombrado y limpio, los indios no osan asomar por no ser vistos.

Aviso al caudillo

Aviso al caudillo que suelen los indios poner espía sobre un árbol, cerca del camino, para contar los españoles y para esto no dejen de mirar arriba a los árboles cuando estén en la tierra poblada. Y con este cuidado también advertirán que antes que el campo o escuadra llegue a cualquier parte, si oyeren gritar micos o pavos, consideren que sienten gente debajo de los árboles en que están y en oyéndolos tantéen en qué parte, y si es en el camino irán con cuidado mirando los árboles. Lo mismo sucede cuando echan una emboscada los indios: de manera que al uno y al otro se debe advertir y para ello soltar un perro, que si es emboscada, la descubrirá luego y si es espía puesta y subida en árbol, en cogiendo el rastro el perro ladrará al pie de él. Y adviertan que suelen pensar ser algún mico a lo que el perro ladra y pasar inadvertidamente y resulta de esto mucho daño y perderse la ocasión.

También aviso al caudillo que si entrare por un cañaveral seco, el indio suele echar fuego por una parte y responder por otra con emboscada. Para esto, antes que el campo entre, una escuadra de soldados ligeros pasen este cañaveral y cuando esté ganada la otra banda el campo marche. Este fuego suelen echar también cerca de una población o real; si la paja de la sabana está seca, conviene mucho, que así como lo echaren alrededor del mismo real o población, arrancar la paja haciendo un camino a modo de ronda y luego que sea hecho se pegará fuego por todas partes porque se vaya a topar con el que echó el enemigo. Este se dice contrafuego, es buen ardid, el cual, sirio se hace con presteza, llegado al real, con la pujanza que trae hace gran daño y si es población la quemará toda y el enemigo a tal tiempo no está descuidado, porque tras del fuego embiste.

El caudillo que cae en emboscada merece gran culpa

El caudillo que cayere en una emboscada inadvertidamente; merece gran culpa y aun pena, salvo si ya no entrare en ella con algún artificio, dando aviso a toda su gente primero (en la cual cuando a ello se determinare) que no lo tengo por bueno, lleve su gente con tanto silencio y tan recogida y los arcabuces listos con las cuerdas en las serpentinas y los rodeleros y lanceros tan puestos y ordenados, que cuando el enemigo se determine a darla, no se pueda llamar emboscada, sino guazavara, porque la emboscada goza de este nombre por el repentino y descuido con que se coge al contrario.

Aviso al caudillo
Aviso al caudillo que conocerá una emboscada por el sitio, por el olor de la bija con que los indios se embijan y untan, porque huele mal. También por el olor del masato o chicha que beben, por el rastro que hacen. Y si es balsar se conoce por estar la rama o yerba echada, y hasta hoy no echó indio emboscada que primero no abriese y asegurase la huida. En todas estas ocasiones se desvele mucho el caudillo, etc.

Modo de dar guazavaras y recibirlas, con otros avisos importantes en defensa natural

La guerra más hidalga que el indio hace
Bien se habrá echado de ver, por lo que se ha dicho, los riesgos y peligros que nuestros españoles pasan y han pasado en las nuevas conquistas de las Indias, y cuando se debe premiar lo dejo para su tiempo. También hemos dicho los ardides que los naturales de aquellas partes tienen para desbaratar los nuestros todos fundados en traición y las maneras de emboscadas. Y asimismo está dicho cómo nuestros españoles se han de haber con ellos. Resta ahora declarar y aun enseñar cómo se han de valer en sus guazavaras o batallas, que suelen representar convocando y juntando toda la tierra contra los nuestros, que acaecerá muchas veces juntarse para cada soldado cien indios y los más llevan lo peor, cuando de la parte de los nuestros hay valor y esfuerzo en el caudillo y soldados, y sobre todo buena orden, que como es gente pusilánime aflojan y se retiran como vean esto. Y pues en todo hemos tocado, conforme al capítulo de cada cosa, tratemos en este largamente de lo que nuestro caudillo y soldados conviene que hagan, pues no les va menos que las vidas: y pues ya están a tiempo que han menester las manos, pues el enemigo a campo abierto quiere representar la guazavara, que es la guerra más hidalga que ellos usan, cosa que se debe estimar en mucho, pues de ella siempre o la mayor parte de los nuestros salen victoriosos y con ella se rematan trabajos y se excusan daños y la tierra se allana de paz, que es el principal intento, justo será, conforme a esto, se desvelen con mayor cuidado que en todas las demás estratagemas de guerra.

Aviso al caudillo. En la guazavara no es permitido el retirarse
Conviene estar avisado nuestro caudillo cuando esté determinado salir a la guazavara, mandar a todo soldado pelee con todas sus armas, no olvidando cada uno de llevar su cuchillo carnicero, y cuando ya estén listos para ello, requerirlos a todos por sino las llevan listas para poderse aprovechar bien de ellas, y cuando no pudiere acudir en persona a todo, encargárselo a dos soldados de quienes se fiare, que con orden lo vean.

Y habiendo hecho esto, les haga su parlamento, dándoles a entender que en la guazavara que esperan no se permite huir, por el riesgo que corren, porque demás de perder la honra, no les queda remedio alguno de salvar las vidas, como en otras guerras.

Ejemplo de Calceratidas

A ejemplo de esto, diré de Calceratidas, caudillo de los de Esparta, en la batalla naval que tuvo con los atenienses, cuya armada excedía a la suya con gran ventaja, que aconsejándole Hermón, gobernador de su nao, que se retirase, pues veía clara su pérdida, respondió que por ningún caso lo haría, por ser condenado entre los de Esparta y ser el mayor acto de afrenta el huir. Al hombre esforzado lo que mejor le puede suceder es el morir o vencer. Por ser honesto y aprobado, esto arma bien a esta guerra de que tratamos, porque en ella yo no hallo más que muerte o victoria, por faltarles a los nuestros de dónde les pueda llegar socorro ni tener dónde poderse fortalecer con esperanzas de salvarse: digo en nuevas conquistas, donde si una vez ganan la guazavara o batalla los indios y quedan desbaratados los nuestros y por haber huido no se pueden rehacer unos con otros, son los indios de tal calidad que por el rastro les siguen diez y veinte días hasta dar con ellos y matarlos, y cuando de esto escapen, mueren de hambre; y si considerase cada uno esto, apretarían los puños y no se descompondrían, con que quedaría el campo por suyo, y cuando mueran, mueren honradamente.

Dicho de Aníbal

Aníbal, teniendo sus soldados en medio de Italia, les dijo: «Ya estamos a tiempo, que no nos ha quedado sino lo que conservemos con las armas».

El marqués del Valle. Quien acomete puede tomar consejos arriscados. El buen consejo asegura la victoria. El caudillo que no toma consejo merece culpa

Lo propio dijo el marqués del Valle cuando echó a fondo los navíos, y fue buena consideración para animar los suyos, dándoles a entender que allí no había sino morir o vencer, porque quien no arriesga no gana, y quien acomete puede tomar consejos arriscados, pero cuando no se acomete justo es se sigan consejos fundados y maduros y lo menos sujetos que pudiere a accidentes, porque el buen consejo asegura la victoria, y el caudillo que por su parecer y deliberación se arrojare al bueno o mal suceso, habiendo lugar de comunicado, merece culpa, aunque le suceda bien.

Consejo de Artabano

Artabano aconsejaba a Jerjes, cuando andaba apercibiendo su armada en Grecia, que cuando estuviese más satisfecho de lo que tenía determinado que convenía, de nuevo lo considerase y consultase con otros.

El que tuviere práctica de la cosa puede dar consejo

Y Demócrito dicta que la celeridad demasiada en obrar trae consigo arrepentimiento tardío, porque lo que una vez se hace mal; cuando tenga enmienda, no puede volver a su primer estado, así que el que tuviere práctica de la cosa puede dar consejo, como el muy agudo de ingenio y que tuviere especulación.

Es perjudicial cosa no resolverse el caudillo en la guerra También es cosa muy perjudicial no resolverse el capitán en la guerra, porque al soldado se le resfría el ánimo y acobarda y se le quita la gana del pelear, al cual solo se le debe pedir ánimo y presteza en las armas y la comida aparejada para cualquiera hora que su caudillo le mandare marchar; y así al caudillo le toca la resolución y deliberación en proveer.

La ventaja conocida asegura la victoria

La ventaja conocida en dar la guazavara asegura la victoria, y el caudillo debe con cuidado procurarla siempre, porque ya que en número de gente el indio nos la tenga, los nuestros, por los ánimos, por las armas, por saber elegir el sitio para la caballería o arcabucería, la tienen y con menos gente vencen.

Por qué han tenido los turcos victorias

Si los turcos han tenido tantas victorias, ha sido por no venir en batalla, sino en campaña rasa, porque las estratagemas en la guerra son gran parte de la victoria, porque la astucia es otra tanta fuerza y muchas veces con ella se acaba más que con la fuerza.

Aníbal usó mucho de la industria
Aníbal, cartaginés, fue excelentísimo en las estratagemas, porque jamás vino a las manos que no se ayudase grandemente de la industria, haciendo buena elección del sitio, de las armas, del aire y de otras más o menos cosas.

El caudillo ha de ser desenfadado
El capitán, para animar a la batalla a sus soldados, ha de ser desenfadado y tener donaire con ellos y mucha facilidad en prevenir.

Donaire de Aníbal
Aníbal, en la de Canas, se subió en un alto para ver al enemigo y espantándose un amigo suyo, de ver tanto número de gente, que se llamaba Guijón, Aníbal le dijo: Notad otra cosa maravillosa, que en tan gran número de gente no viene otro que se llama Guijón. Con esta respuesta dio mucha risa a los presentes y se animaron viendo que a tal tiempo su capitán decía donaires.

Avisos al caudillo
Esto se trae, porque el caudillo en semejantes tiempos muestre bizarría y no se turbe. Y porque es ya tiempo de tratar lo que se debe advertir antes de entrar en la guazavara, diré los avisos que ha de tener.

Al arremeter, lleve junto a sí los camaradas y amigos de quien más se fiare, así para la guarda de su persona como para tener a quien encomendar las cosas que se le ofrecieren.

El caudillo mire bien que por su culpa no se pierda ningún soldado, porque será notado de hombre negligente y poco cuidadoso. Y advierta que tenga siempre nombrados soldados sobresalientes para que acudan a las necesidades y para que no falte munición y socorro a los de la guazavara; y para esto tenga personas de cuenta.

Ordenará que los heridos se retiren al Real o a la parte donde estuviere señalado, con cuidado de que sean curadas las heridas conforme queda dicho; y si fuere campo formado, refresquen con gente el lugar de los heridos. Y advierta a qué ha de tener su Real fortalecido con falconetes o mosquetes si los llevare y a falta con arcabuces, lanzas y rodelas.

Aviso al caudillo que el soldado pelee y no de voces, porque se animan los contrarios, demás que no se entienden las cosas al proveer y ordenar: y menos se queje el herido, pues no recibe refrigerio y desanima los compañeros y es bien que el enemigo no lo sienta.

El cantar victoria desanima al contrario
Soy de parecer que se cante victoria con las trompetas, aunque no esté conocida, porque desmaya grandemente el indio, y como comience a retirarse, es cosa conocida volver las espaldas.

Aviso al caudillo
Advierta que cuando esté trabada la guazavara no se desvíe mucho del Real, por la fortaleza que con él tiene.

Orden de guazavara
En sitio llano, saldrán los de a caballo primero, y los caballos con sus cascabeles, los cuales romperán primero y luego en cuadrillas la infantería con sus rodeleros por delante. Y si fuere gente de lanza, juegue primero la arcabucería llevando hecha un ala, con sus rodeleros y lanceros delante y la caballería no embista hasta que estén algo desbaratados, salvo si los nuestros tuvieren necesidad: y en tierra doblada usarán también de cuadrillas para ofender por todas partes.

Rehúsen de llegar a las manos
Rehúsen de llegar a las manos, ofreciendo siempre paz, y cuando el indio no viniere en ello, aprieten la mano, pues es permitida la defensa natural; y visto no se puede excusar de venir a las manos, pasen por ellas, rompiendo parla parte que hiciere quiebra, revolviendo sobre ellos para cogerlos en medio, y la caballería rompa primero si no fuere gente de

lanza y los arcabuceros hagan su tiro bajo como ya está advertido, procurando siempre que los primeros tiros se empleen en los más señalados, que de este parecer era fray Pedro de Betanzos, con ser un santo, en una ocasión que yendo a predicar entre indios y llevando para su compañía algunos soldados, a persuasión del general, determinaron una noche los indios matarlos a todos y el fraile que lo entendió; se fortaleció en un buhío, donde los cercaron al cuarto del alba, y el buen fraile viendo el riesgo, animaba a los soldados diciendo no errasen tiro y fueron tales que se pudieron mediante ellos poner en cobro. Pasó esto en Costa Rica. De manera que son importantes los buenos arcabuceros, porque son los que desbaratan al enemigo.

Avisos al caudillo
Aviso al caudillo que si acertare a tener por las espaldas o por un lado, balsar o pajonal y el enemigo le pegase fuego para ofenderle por todos lados, debe pasar por ellos con su gente, como está dicho, volviéndoles el rostro procurando agolparlos sobre el fuego.

También tendrá cuidado el caudillo de tomar siempre la banda del arcabuco, echando al enemigo a lo raso, para que la caballería le pueda ofender antes y después de desbaratado y con tal cuidado se tome esta parte que si el arcabuco le saliere socorro al indio, los sientan y cojan también por delante.

Advierta nuestro caudillo a que la campaña donde le representaren la guazavara la tenga reconocida para saber los pantanos, porque son muy dañosos a la caballería y les pueda dar resguardo, si le dieren lugar. Y también para saber las quebradas y malos pasos y buenos, que todo importa mucho. Y en todo si el indio se mejorase en altos, se lo gane siempre, que es gran ventaja. Y asimismo se advierta que el resto del campo esté mejorado en alto, así para su defensa y fuerza, como para que señoree y vea los sucesos y movimientos de la guazavara.

Aviso a los soldados que no se desabrigue uno de otro, porque en esta guerra un soldado no es más de para un indio, porque si le cogen dos indios le matarán: y si dos se hallan juntos, son pocos veinte indios y si cuatro, son pocos ciento.

Obligación del caudillo

El caudillo está obligado por un buen soldado a arriesgar su persona, como lo estará también en ganar siempre tierra con el enemigo y peleará con su espada y rodela, porque allí no puede usar de otra arma, hallándose siempre en la delantera, previniendo y socorriendo a toda parte, que con esto ganará nombre y animará a los suyos.

Orden de los indios en dar la guazavara

Con estas prevenciones y avisos, el caudillo dé el Santiago, habiendo hecho la oración y requerido al indio con la paz y hecho parlamentos a los suyos, que sabiendo persuadir aventaja un tercio de ánimo y granjea la ocasión en el entretanto que yo vuelvo a la orden con que los indios entran en la guazavara, para la cual se junta toda la tierra y de tal manera que los enemigos se hacen amigos, para aquel día, o la mayor parte, aunque tengan declaradas sus guerras para contrastar los nuestros: y si algunos dejaren de entrar en esta liga, nuestro caudillo procure aliarse con ellos, que con facilidad acudirán a ello; y los que dan la guazavara aquel día, echan sus gallardetes con mucha y varia plumería, muy pintados el cuerpo y cara de colorado, amarillo y negro, con sus colas de animales colgadas de la cintura y en la frente los capitanes se ponen manos de tigres y leones y la misma cabeza del león desollada a modo de montera, echando todo el oro que tienen de joyas encima; en los pechos, patenas y águilas; en la cintura un cinto de cuentas de hueso y de oro; en la nariz cuelgan caracuries y en las orejas, orejeras a modo de zarcillos, mas son grandes de diversas maneras; en las muñecas sus brazaletes y al pescuezo cuentas de hueso y de oro; muchos cascabeles en la cintura y de caracoles lo propio. Vienen en cueros y los cabellos largos y trenzados y los que lo traen cortado son los mejores guerreros. Y para este día particularmente se emborrachan, aunque ellos siempre lo están, y el más borracho entre ellos, es el más valiente. Vienen haciendo mil ademanes y matachines, y acabada la borrachez se acaba la guazavara, y como no quede por ellos el campo, se retiran o huyen sin orden, como queda atrás dicho.

Traen formados sus escuadrones a su modo y señalados sus capitanes para gobernar y animar vienen siempre delante y cada nación o parentela reconoce su caudillo y le obedecen y todos los caudillos y capitanes no reconocen superior entre ellos en la ocasión y así en comenzándose a desbaratar, luego son perdidos. Estos caudillos se conforman con el que primero habla y da la voz, a ese siguen y así es en el huir. En el entretanto que dura la guazavara no cesan de dar voces y alaridos; con esto se alientan y piensan que nos atemorizan. Los instrumentos de música que traen, son unas trompetillas de colas de armadillos, caracoles grandes, fotutos, tamboretes, que con esto y la vocería de tanto número de gente, los nuestros casi no se oyen los unos a los otros y a este tiempo es menester grande reportación.

Las armas que traen las reparten por su orden: si usan lanzas y rodelas, las echan delante y detrás la gente de dardos y hondas, y los lanceros se bajan para que el de la honda haga su tiro, y si usan flecha, cada uno trae su macana colgada a las espaldas y sus carcajes al lado, y disparando las flechas cierran con las macanas, si les dan lugar a ello. Entran en media Luna, procurando cercar los españoles, porque su fin e intento es cogerlos a las manos, y son tan bárbaros, que hay nación entre ellos, que traen unas mochilas de red grandes, que cabe una fanega de trigo o maíz, para cargar los españoles que cogieren o mataren. Tras de estos vienen cantidad de indias con catabres para cargar la carne y tripas de los nuestros, que no es menos barbaridad.

También traen munición de flechas para la guerra. Masato y chicha para que beba y se refresque su gente; y por las lomas y sierras y en los árboles, es mucha la gente que está mirando la pelea, como si fuese una fiesta muy grande y señalada; y para este día vienen de muy lejos a verlo y como sean indios forasteros, los pagan para esta ocasión, porque vengan a ayudarlos en la guerra; y esta gente viene con la paga muy contenta, principalmente los que comen carne humana. Muchas veces usan de bizarría, porque prometen y dan aviso que para tal día y a tal hora los aguarden para la guazavara.

Es gente que no guarda más que la primera orden, que es hasta representar la guazavara, porque luego se revuelven y pelean sin orden, y como sea gente de nueva conquista, si una vez los desbaratan, tienen a los nuestros por hijos del Sol y juzgan ser los caballos y hombres todo una pieza e inmortales. Esto es donde nunca los han visto ni por noticia. Es gente cruel, que si aciertan a llevar a manos algún español, le dan mil martirios, sacándole los ojos y trayéndole con un barboquejo por los mercados y borracheras y después lo matan y se lo comen; y cuando usan con él de cortesía es ponerle sin ojos a guardar la chacara, roza o labranza de maíz, para que grite a los papagayos y se ha visto esto en los pijaos. Suelen empalados vivos como se ha visto en Santa Marta y las cabezas las cuelgan a las puertas de sus casas y beben con los cascos de ellas en las borracheras grandes. De las canillas de piernas y brazos hacen flautas: éstas traen los grandes capitanes al cuello. Y donde comen carne humana, muelen los huesos y los beben en chicha. Son muy pusilánimes; que si los desbaratan, huyen largando las armas y las indias los catabres en que habían de llevar la carne y los cántaros de chicha y cada uno huye por su parte, que en un mes no se juntan. Y lo que más previenen los capitanes y caciques es enviar sus embajadores a dar la paz, diciendo quieren servir, y para esto traen algunos presentes de poca importancia y el caudillo los debe recibir y regalar, sin embargo de lo pasado.

Aviso al caudillo
Advierta el caudillo que si desbaratare al enemigo, que el alcance se siga con orden, teniendo nombrado persona para ello con una escuadra de soldados; y este alcance sea poco trecho, porque es más para atemorizar que para matar, que la victoria no se debe seguir por el cabo por dos cosas. La una porque no sea sangrienta con los que queremos más vivos que muertos; y la otra, porque basta que el mal suceso les obligue a volver las espaldas con tal turbación.

Opinión del Epirota
El Epirota siempre prohibió a los suyos dar cabo del contrario desbaratado.

Opinión de Aníbal
Y Aníbal fue notado de no llevar jamás al cabo la victoria, contentándose obligar al enemigo a huir por rescatar las vidas.

Remedio al mal suceso. Dicho de Séneca
El vencer es cosa humana, mas el perdonar es cosa divina. Y si el enemigo desbaratase los nuestros (que acaece pocas veces) el caudillo no se acobarde ni ataje, porque dará en mil inconvenientes, acobardando su gente, antes se anime y traiga a la memoria el valor de algunos capitanes que después de desbaratados han ganado grandes batallas, criando nuevo brío en sus soldados y esperanza cierta de tener honrada satisfacción, poniéndoles delante lo que Séneca decía, que la fortuna es perpetua perseguidora de los hombres valerosos, que fue de lo que César se valió en semejantes trances, y Aníbal y otros valerosos capitanes; y con este valor y consideración se junte y reduzca al Real con sus soldados, donde se haga fuerte; y en el entretanto que no tenga socorro, no venga más con ellos a campo abierto, si no use de emboscadas y asaltos, cogiéndolos divididos en trasnochadas y albazos, andando a noche y mesón, que ellos vendrán los brazos cruzados; y procure aliarse con algunos principales, aunque estén lejos, para mayor fuerza; y en todo ande con los movimientos presentes, que como caudillo diestro reconocerá, viviendo siempre con mucho cuidado de aquellos con quienes se aliare.

Libro cuarto en el cual se trata como se han de asentar las paces, y de como se ha de poblar una ciudad, y como se ha de repartir la tierra, y el buen tratamiento que se debe al indio, con el premio de conquistadores y pobladores

Asentar paces

Asentar las paces con el indio es el principal intento del príncipe y con él se debe entrar, porque debajo de ellas se predica el santo Evangelio y debajo de ellas da el indio el vasallaje y obediencia y en reconocimiento da el tributo al príncipe, aunque tiene ordenado a los conquistadores gocen por dos vidas de él, con que estén obligados a su administración, y a darles doctrina, por cuyo beneficio llevan justificadamente, y con él y la industria viven los tales y sustentan lo poblado. Pero para que estas paces sean fijas, importa mucho que el caudillo las sepa asentar y conservar con sagacidad y sin que el enemigo alcance el blanco de tres cosas, que es enflaquecerles las fuerzas e impedirle las confederaciones y aliarse él y confederarse con nación diferente y contraria, que sabiendo usar de ello, conservará las paces después de asentadas una vez, derribándoles con mucho cuidado los fuertes o palenques, dándoles a entender no tienen necesidad de ellos, pues los cristianos toman a su cargo la defensa de ellos y de la tierra, reservando tan solamente las fronteras de enemigos que no hayan dado la paz, que en esta tal parte no se debe hacer, por ser muralla y defensa de las poblaciones que de paz estuvieren. También se les debe impedir (con el mismo cuidado) el labrar de la flecha, el arco, lanza y rodela y el hacer de la yerba, donde la usaren y tuvieren por trato y granjería, rescatándola a los indios de guerra, o unos indios a otros de paz, porque por cualquier vía y arcabuz que vayan estas armas, vienen a parar a manos de nuestros enemigos, donde conocidamente somos ofendidos con ellas y es mal hecho consentirlo, que hay muchos encomenderos que lo permiten, con codicia de que sus encomendados tengan trato para que mejor paguen el tributo; y este es gran descuido de la justicia no advertirlo y estorbarlo, así el trato de armas como el tenerlas, pues no las han menester; y bastará dejarles los arcos de caza, que los de guerra será mal hecho dejarles uno tan solo, ni los demás instrumentos, excepto (como queda dicho) a los fronterizos, con satisfacción de que no se aliarán con los que están de guerra, y para esto hacerles meter prenda a menudo ayudándoles y dándoles a entender que por su respeto se mueven los cristianos, que avivándoles la enemiga, habrá seguridad de ello.

Y volviendo al propósito, digo, que es bien enflaquecer al indio la fuerza de armas para todo seguro.

Ejemplo de César
César, cuando se le rendía alguna ciudad y le daba obediencia, ante todas cosas les quitaba la fuerza de las armas.
También impedirles las confederaciones importará mucho, estorbándoles emparentar una nación con otra, pues aun en tiempo de mucho asiento se debe estorbar, por los muchos pleitos que de ello se engendran entre los encomenderos, demás de ser parte de aliarse y de grandes enemigos, se vuelven grandes amigos, tomando por instrumento las borracheras y juntas que usan, que éstas será bien impedirles y con artificio usar de manera que se conserven y conozcan siempre por bandos contrarios, si lo fueren, hasta en tanto que la tierra tenga asiento y los caminos estén abiertos, y la contratación de las ciudades cercanas entablada; porque como esto no vea el indio y él se pueda juntar y aliar, es cierto faltará a la fe y paz dada y se levantará.

Las espías son provechosas
El dividirlos consiste en cortarles el camino y gana de concertarse, sembrando con artificio entre ellos sospechas, porque no se osan fiar unos de otros, y para esto son buenas las espías entre ellos, de otra parcialidad, que para ello estén cohechadas, y al que se hallare culpado, hecho en él el castigo breve, asegura mucho al indio. Y el aliarse siempre nuestro caudillo con bando o nación contraria, haciéndole siempre amistades, es importante, porque no hay perro de rastro como ellos para descubrir y derribar a su contrario.

El conservar la paz es felicidad
Y lo que más ayuda a conservar las paces, es, con buenos medios, disipar los viejos que anduvieren encendiendo fuego, y siempre se ha de estribar en conservar esta paz, porque es gran felicidad vivir en ella y gozar lo que se posee en paz. La paz Dios la amó y la encargó a sus discípulos. Con la paz se conservan las repúblicas. Sin la paz, todo es confusión. En la paz se gozan los despojos de la guerra y sin ella los bienes se consumen y se acaban. De manera que es justo que la paz se conserve en todas las ocasiones, pues es tan necesaria así para el cuerpo como para el alma. Pues el intento de nuestras conquistas es buscar y asentar esta paz con los naturales, advirtiéndoles las calidades y condiciones de ellas, porque como bárbaros no las ignoren, es bien declarárselas, y el riesgo que corren de no guardarlas.

La paz se debe considerar con quien se asienta
Y para estas paces, nuestro caudillo debe considerar primero la calidad de los indios si es gente nuevamente venida a semejantes tratos de paz, por ser la primera vez que los conquistan y descubren: o si son indios de atrás; quebrantadores de ella, despoblando pueblos, matando españoles, porque estos tales, afligidos de la guerra que se les hace, siempre dan la paz con dañado pecho, esperando buena ocasión para tomarse a alzar, matando y despoblando con su antigua costumbre (que a tiempo de coger divididos y descuidados los nuestros, saben muy bien acudir y esperar). Con estos debe el caudillo regatear la paz, aunque se la pidan una, y dos, y tres veces, porque se deben curar como llagas viejas, con fuertes cáusticos, de tal manera que cuando alcancen la paz, entiendan que la han de guardar; lo que a gente doméstica, que no ha sido conquistada ni poblada, se debe dar luego y convidarles siempre con ella, pero viviendo con cuidado tanto con unos como con otros. Y ofrecida que sea la paz por cualquiera de las dos partes y aceptada, se asentará por autoridad de escribano y de testigos.

Apercibimiento que se hace al indio

Y luego el caudillo, teniendo los caciques y principales juntos, con un intérprete les dará a entender que aquella paz que dan en nombre de todos sus súbditos y vasallos a los cristianos y obediencia y vasallaje al rey, la deben guardar por todas vías, no alzándose ni retirándose de sus poblaciones; ni tomando más las armas para hacer guerra, ni salteando, ni matando en los caminos ni en otra parte a los indios ladinos de servicio. Y la misma paz estarán obligados a guardar a todos los indios amigos de los españoles. Advirtiéndoles que en cualquier cosa que de estas delinquieren, o en otra cualquier manera, que sea en nuestro daño, serán castigadas las cabezas y culpados, con todo rigor, por ser ya justificado el tal castigo. Y que los caciques que en ello consintieren y fueren sabedores y no dieren aviso, serán despojados de sus cacicazgos, como a personas que incurren en semejantes traiciones. Y asimismo estarán obligados a acudir a todos los llamamientos de las justicias. Y el tal caudillo les prometerá, en nombre de su majestad, de guardarles toda paz y amistad y que los amparará y defenderá de sus enemigos. Y en señal de la dicha paz, abrazará a todos los caciques y señores y a tal tiempo hará su salva en señal de alegría, a los cuales regalará, comiendo aquel día con ellos y les dará algunos presentes de cosas de rescates, que ellos estimen, que son de bien poco valor todo lo que ellos apetecen, que no hay niños más amigos de juguetes, de que sean tan presto contentos. Y luego les pedirán que en rehenes de estas amistades, los caciques y señores den algunos de sus hijos, para que se aquerencien entre los nuestros y conozcan su buen trato y policía y aprendan la lengua. Advirtiéndoles que ante todas cosas han de dejar las armas; ni tratar de ellas más, pues los españoles toman a su cargo su defensa y amparo.

La paz sin armas es muy flaca

Y con estas ceremonias y cosas los enviarán a sus casas y poblaciones contentos, encargándoles acudan con bastimento de la tierra al Real, para el sustento de los cristianos, en el entretanto que tratan de hacer sus comidas y poblarse: y no se fíe tanto de la paz que deje del todo las armas, porque es muy flaca la paz desarmada.

El modo que nuestro caudillo tendrá en conservar lo que pacificare y poblare Modo de poblar

Para poblarse debe granjear la voluntad al indio

Ya que hemos llegado a este punto, que es el que tanto trabajo cuesta y tanto importa al servicio de Dios y del príncipe y a la conservación de las dos repúblicas, así la del indio como la que nuevamente se poblare por nuestro caudillo, será bien que con más cuidado demos el dechado y hagamos un discurso que en todo se abrace con las ordenanzas Reales, para que así queden perpetuas en servicio de Dios y del rey: y los pobladores vivan quietos y sosegados sin debates y diferencias y seguros de la traición que de ordinario el indio está pensando en su daño. Cuanto a lo primero, digo que, habiendo de poblar y estando bien considerado y ya determinado, se hará de tal manera, que primero esté rendida la tierra al dominio de Su Majestad, y ya que no toda, la mayor parte, ora por buenos tratados de paz, ora que otras causas los haya obligado a ello, convocará y juntará nuestro caudillo, para un día señalado, todos los caciques y señores, los cuales hará buen recibimiento, regalándolos y teniendo con ellos agradables palabras.

Poblando en el riñón de la tierra se asegura mucho. El caudillo pueble en sitio de mejores comodidades

Y estando esto ya en su punto, con intérpretes les dirá y avisará cómo quieren los cristianos hacer sus casas para descansar y alzar la mano de la guerra, porque desde aquel día en adelante no quieren sino ser sus amigos, como lo son, y defenderlos de los que no lo fueren, tomando por ellos las armas y demanda, sin consentir que nadie les haga mal ni daño en personas ni haciendas: y que las casas las quieren hacer en una parte cómoda, a donde toda la gente pueda acudir sin trabajo a verse y tratarse con los cristianos y a oír la doctrina cristiana; y que para esta comodidad sería bien se hiciese en el riñón de la tierra, lo cual, no habiendo notable inconveniente, así lo hará nuestro caudillo que con ello asegurará la salida a sus soldados y asegurará los bastimentas; y elegirá en él un sitio el más llano que fuere posible, con que no esté en hoya, porque esté airoso, enjuto y descubierto al Norte, si hallarse pudiere con las demás comodidades de agua y leña; y cuando no se puedan ajustar estas calidades, se acomodará con el sitio que más de ellas tuviere.

Primero que se pueble den el voto los señores. De repente el indio no apercibe cautela. El secreto se guarde y si se echare de la boca sea obrando
Y habiéndose conformado en esto con el voto de los señores de la tierra y consintiendo en ello, luego a la hora sin que se vuelvan a sus casas, ni tengan lugar de comunicarse unos con otros, se partirán luego al sitio en que así hubieren venido, porque es gente que toda a una mano de repente no apercibe cautela ninguna, lo que vueltas las espaldas es tan varia y tan fácil, que cualquiera palabra o persuasión que se les haga, se vuelven y transforman en el color que el que persuade quiere (que en esto tienen semejanza al camaleón) y así huirá siempre el caudillo de estos inconvenientes, guardando el secreto de todos sus designios y cuando lo echare fuera de la boca, sea obrando juntamente.

Pues supongamos que este sitio está ya elegido y el consentimiento dado por los señores de la tierra, con los demás requisitos ya dichos y otros muchos que la ocasión les descubrirá, que cuelgan de nuestro propósito.

La fuerza de poblar una ciudad
En medio de lo más llano, hará hacer un gran hoyo, teniendo cortado un gran tronco de árbol, tan largo que, después de metido en la tierra lo que bastare, sobre en ella estado y medio o dos, el cual los mismos caciques y señores, sin que intervengan otros indios, lo alzarán, juntamente con algunos españoles, poniendo las manos también en él nuestro caudillo, para que justificadamente se haga este pueblo, habiendo hecho su parlamento; el cual palo meterán en el hoyo y luego le pisarán dejándolo derecho y bien hincado.

Ceremonia. Protestación
Y luego, haciéndose la gente afuera, el caudillo tomará un cuchillo (que para el propósito tendrá aparejado) y le hincará en el palo y volviéndose

a todo el campo dirá: Caballeros, soldados y compañeros míos y los que presentes estáis, aquí señalo horca y cuchillo, fundo y sitio la ciudad de Sevilla, o como la quisiere nombrar, la cual guarde Dios por largos años, con aditamento de reedificada en la parte que más conviniere, la cual pueblo en nombre de su majestad, y en su real nombre guardaré y mantendré paz y justicia a todos los españoles, conquistadores, vecinos y habitantes y forasteros y a todos los naturales, guardando y haciendo tanta justicia al pobre como al rico, al pequeño como al grande, amparando las viudas y huérfanos.

Reto
Y luego, armado de todas sus armas (para cuyo efecto lo estará) pondrá mano a su espada y naciendo con ella campo bien ancho, entre la gente, dirá arrebatándose de cólera: Caballeros, ya yo tengo poblada la ciudad de Sevilla en nombre de su majestad si hay alguna persona que lo pretenda contradecir salga conmigo al campo, donde lo podrá batallar, lo cual se lo aseguro, porque en su defensa ofrezco de morir, ahora y en cualquier tiempo, defendiéndola por el rey mi señor, como su capitán, criado y vasallo, y como caballero hijodalgo (que cuando no lo sea el tal caudillo de sangre, lo es por el privilegio concedido a los tales conquistadores), lo cual dirá tres veces, y todos dirán y responderán cada una vez que hiciere el reto: La ciudad está bien poblada, viva el rey nuestro señor; y por lenguas lo dará así a entender a los señores de la tierra.

Posesión
Y en señal de posesión cortará con su espada plantas y yerbas del dicho sitio, apercibiendo a los presentes por qué lo hace y diciendo la hace sujeta a tal audiencia o a tal gobernación o si la hace cabecera; y con esto envainará su espada.

Fundación de la iglesia
Y luego en el instante hará hinca una cruz, que para ello tendrá hecha, a una esquina de la plaza, que será a la parte que ya tendrá elegida para la iglesia, la cual plantará el sacerdote revestido y al pie de ella se hará

un altar y dirá su misa, asistiendo a ella todos los soldados con toda la devoción y solemnidad para demostración de los naturales y moverles sus corazones, y haciendo muchas salvas con la arcabucería, regocijando este día con trompetas y cajas. Y el sacerdote dará la advocación a la iglesia, juntamente con el caudillo.

Elección del cabildo
Y acabada la misa, nuestro caudillo sacará una lista que ya tendrá hecha de la elección, sin que nadie intervenga en ella por evitar escándalos, envidias y corrillos, en la cual tendrá nombrados los oficios de cabildo, conforme fuere la ciudad, si fuere cabecera o fuere sufragánea; y tendrá, desde el día que entrare en la tierra, nombrado escribano de la tal jornada, ante escribano real, al cual le dará la lista y elección, firmada de su nombre y hará que allí la firme en presencia de todos, y luego se la tomará y teniendo toda su gente y campo en rueda, dará las varas de justicia a los electos por él; la cual elección haga con consideración, que quede repartida la gente para otros dos años adelante; y el primer tercio que se eligiere sea en las personas de más asiento y fundamento, por ser la primera elección.

Juramentos
Y con esta cuenta llamará a los dos alcaldes ordinarios, a los cuales, en nombre de su majestad, entregará las varas, dándola al más anciano o más noble primero, para la antigüedad; a los cuales recibirá el juramento con solemnidad, de que usarán fielmente de los tales cargos y de que mantendrán en paz y justicia aquella ciudad en nombre de su príncipe; los cuales, con el acatamiento debido lo harán, y nuestro caudillo irá prosiguiendo llamando regidores, alguacil mayor, alcaldes de la hermandad y procurador general y los mayordomos de la santa iglesia y ciudad y los demás oficiales que pareciere convenir, tomándoles asimismo el juramento ordinario, y acabado, hará que se recojan luego todo el cabildo a una parte señalada para ello, donde nombrarán y recibirán al escribano por público y del cabildo, el cual tendrá hecho un libro de cabildo, y en él comenzará con el día, mes y año el auto de la población, declarando los límites de la jurisdicción y a qué audiencia y distrito la someten, o si es cabecera o

sufragánea, extendiendo la jurisdicción sin perjuicio, y tras del dicho auto hará el de la justicia y cabildo, electo por el nuestro caudillo y firmado de él: y luego su nombramiento y sucesivamente como fuere sucediendo en el dicho cabildo, recibiéndose el nuestro caudillo por capitán y justicia mayor, el cual dará las fianzas ordinarias, y tras él se recibirá su teniente, con las dichas fianzas.

Bando
Y acabado, luego se echará un bando, que todos los soldados y conquistadores que quisieren ser vecinos de la dicha ciudad, acudan al cabildo a firmar el auto de la vecindad y hacer sus juramentos de sustentar la vecindad de la tal ciudad, de la cual estarán obligados a no salir sin licencia de la justicia, amparándola y defendiéndola en nombre de su príncipe. Y hecho que sea esto, si necesario fuere, nombrará nuestro caudillo oficiales Reales hasta en tanto que la Majestad Real provea.

Medida del pueblo que se poblare
Y acabado se echará un bando, que todos los vecinos estantes y habitantes hagan sus toldos y ranchos dentro de la plaza, para que no estorben el formar de las calles y pueblos; y para seguridad harán en medio de la plaza el cuerpo de guardia adonde los soldados se recojan y hagan sus centinelas y guarden los presos, poniendo por obra el medir de la plaza en un recto cuadrángulo, conforme a la disposición de la tierra áspera o llana, caliente o fría, sabana o montaña. Y porque esto queda a la elección de nuestro caudillo, como quien tendrá presentes las cosas, que verá si conviene la plaza recogida o ancha para su defensa, o proporción, de la cual plaza saldrán ocho calles niveladas y derechas, quedando entre dos calles una esquina que mire al centro, medio y punto de la plaza, y conforme a sus cuadras, así irán las demás de las calles. La medida más ordinaria y en buena proporción es cada cuadra de frente y latitud a doscientos pies y de longitud doscientos cincuenta, y las calles, de boca, veinticinco pies; de aquí arbitre nuestro caudillo.

Padrón y regimiento de solares
Y luego que sea medida la plaza y cuadras y solares, y calles con rectitud, tomará nuestro caudillo un padrón, cuyo original se pondrá en el libro del cabildo, con auto, y por él repartirá solares, de tal manera, que en la plaza, en la parte más alta se señalará en la frente de una cuadra, que son cuatro solares, un solar para la iglesia mayor, y el segundo solar a las espaldas, metido en la calle, para el cura y capellán, y en el de pared y medio, frente a la plaza, señalará para las casas de cabildo; y en el que resta, que es el cuarto, se hará y edificará la cárcel. Luego se señalarán seis solares, que quedan con frente a la plaza, tomando nuestro caudillo para sí uno y dando a su teniente y a los dos alcaldes ordinarios, y alcaldes de la hermandad; y en los solares por sus espaldas, a los regidores y alguacil mayor; y tras ellos proseguirán por los vecinos; como a nuestro caudillo pareciere, habiendo señalado en partes cómodas para monasterios y hospitales.
    También se señalará para carnicería y matadero.

Repartimiento de indios para hacer la iglesia y ciudad
Acabado esto, tomará una lista de los señores de la tierra, que estuvieren de paz, y los repartirá, encargando a unos el hacer de la iglesia con los indios y españoles que anden por sobrestantes, y a otros las casas del cabildo y cárcel, a otros allanar la plaza, calles y salidas, a otros en hacer luego una labranza o sementera, en nombre de los cristianos, de comunidad congrua y bastante a la gente que fuere, y que esté cerca del pueblo, para que los españoles la puedan requerir.

Aviso al caudillo
Y en el entretanto que estas cuatro haciendas se hacen, por manos de los indios, tendrá nuestro caudillo soldados repartidos por cuartos, que no suelten las armas de las manos, porque ha de advertir que a este tiempo han sucedido muy grandes desgracias, porque, como andan todos revueltos y sin armas acudiendo a las cosas menesterosas, y los indios es fuerza estar juntos y recogidos de toda la tierra, al menor descuido darán sobre ellos, porque para meter sus armas tienen invenciones, como yo

se las he hallado, metidas entre la paja que traían para cobijar las casas. Y para estar con alguna fortaleza, antes que comiencen estas obras, alrededor del cuerpo de guardia harán una empalizada fuerte donde se puedan valer a cualquiera necesidad.

Prevención
Acabado esto, se tratará de que se hagan las casas de los vecinos, advirtiendo que no se dé más de un solar a cada uno, porque cada cuadra esté ocupada con cuatro vecinos, los cuales hará nuestro caudillo se comuniquen todos cuatro por dentro por puertas falsas o saltaderos, porque sucediendo de noche algún alboroto o rebato, se puedan juntar para salir más fuertes buscando el cuerpo de guardia, los cuales deben tener cuidado en tal tiempo no salir por puerta de ninguna de las cuatro, sino saltando la pared, haciendo portillo, por el riesgo que al salir de las puertas tienen: y para no correr este riesgo, nuestro caudillo, después de la centinela del cuerpo de guardia, hará que haya ronda por sus cuartos, para sentir y entender, y esto durará hasta que los vecinos hayan hecho sus casas de todo punto, las cuales harán con la fortaleza que más pudieren: y si tuvieren clavazón para tapial s, comenzarán luego a hacerlas de tapia; y de cualquiera manera que se hayan de hacer, se le repartirán indios, con su cacique o capitán, para que se las ayuden a hacer.

Y en el ínterin se tendrá cuidado de que los españoles no se desperdiguen por la tierra ni se dividan: y si salieren a necesidades forzosas, salgan en cuadrillas con su cabo.

Posesión de la iglesia
Y hecha y puesta ya en su punto la población y hecha la iglesia, el sacerdote tomará la posesión de ella en nombre del obispado o arzobispado a que estuvieren resueltos o más cerca estuviere. Todo lo cual nuestro caudillo despachará los autos en relación al gobernador o Audiencia por cuyos poderes hubiere poblado, para que tenga aviso de ello el príncipe; y lo mismo hará el cura a su prelado.

Conveniente cosa es correr la tierra. Débese dar el agua del bautismo a los principales que lo pidieren
Y luego tratará de enviar cuadrillas de soldados, con su cabo, que corran la tierra eón sus guías y lenguas, y el cura irá con ellos para ir tomando posesión de su iglesia y doctrina, por las provincias, poniendo sus cruces, diciendo su misa y bautizando a los señores y principales que pidieren el agua del santo bautismo, teniendo para esto su libro para asentarlos, por cuya cuenta y razón lo hará, con día, mes y año y la provincia; pidiéndolo por testimonio al escribano, para cuyo efecto irá nombrado por el cabildo.

Siempre se deben procurar los secretos de la tierra
Y lo mismo irá tomando la posesión el cabo y pidiéndolo por testimonio; y tomará la relación de caciques y señores que mandaban la tierra al tiempo que los españoles entraban en ella, haciendo descripción y cuenta de los indios, con relación de sus ritos, leyes y vivienda de los caciques y calidad y asiento de cada uno y de los ríos, pescas y cazas, de los metales, minas y cosas notables que se toparen y descubrieren, tomando lengua de todos los confines que adelante estuvieren, por descubrir y con particular cuidado de catear la tierra en quebradas y ríos, con barra y batea, porque si es tierra de oro, los indios no se lo quieran ocultar, y con artificio y dádivas procurará alcanzar a saber todos los aprovechamientos y secretos de la tierra, así en especerías, como las demás cosas, que el tiempo las viene a descubrir, que por negligencia se han pasado años que no se han gozado de ellas en algunas partes.

Dada que sea vuelta a parte de la tierra, regalando y tratando bien los indios, se volverá al pueblo, de donde saldrá otra cuadrilla, hasta en tanto que esté toda la tierra arada; y todas estas relaciones y descripciones se harán un cuerpo, y el original se quedará en poder del cabildo y el traslado se enviará al gobernador o Audiencia, en cuyo distrito fuere y con cuya comisión se haya hecho, para que de todo lo que se fuere haciendo estén advertidos. Y nuestro caudillo se inclinará siempre, hallando lengua adelante de más descubrimientos a hacerlos, tomando asiento y alianza con alguna provincia.

Aviso
Y cuando enviare por socorro a las tierras de donde salió, procure enviar buena relación y muestras de oro o de otras cosas de valor, para inclinar los ánimos a los soldados, y esto hará como le mostrare la ocasión.

Advertencias
Advertirá asimismo de poner nombres a todos los ríos y que se los pongan los cabos que corrieren la tierra y cordilleras y lomas y quebradas.
Tendrá cuidado antes que le alcen las comidas, prevenirse la ocasión, sin perderla y en los demás intereses no se mostrará nada codicioso, mostrándose celoso de la honra de Dios y servicio de su príncipe, que es lo que los gobernadores deberían mirar con mucho cuidado, a qué personas encargan las tales jornadas, porque si no son temerosos de Dios, cierto tendrán ruines sucesos en sus jornadas.

Advierta el caudillo de no meterse en jurisdicción ajena, habiendo otro entrado en la tierra primero que él a conquistarla, salvo si la hallare yerma y despoblada, por evitar alborotos, pasiones y muertes, que suelen suceder entre los dos campos, que si hubiere duda, con remitirlo al superior para que lo determine, se estorbará todo.

Advierta nuestro caudillo cuando poblare, que sea tierra sana y saludable, que se echará de ver en los naturales, si son robustos, de buenas trabazones de miembros y que esté bien poblada, y en que haya muchos viejos, de donde se infiere la sanidad. También lo conocerán en las comidas y mantenimientos, en los animales domésticos, en el temple sin exceso de calor o frío, y habiendo de declinar, mejor será frío, por lo que importa a tierras para sembrar y pastos para ganados y buenas aguas y la madera para edificios de casas: considerando las entradas y salidas acomodadas por mar o tierra, para su comercio y para que puedan ser socorridos si hubiere necesidad. Advierta asimismo cómo el cabildo haga y vaya haciendo sus ordenanzas de república, enviándolas a confirmar a la real Audiencia y él hará merced de los solares que así hubiere dado en virtud de sus poderes, dándoles títulos de ellos y que sean medidos por alarife; y les advertirá a los vecinos, al tiempo de edificar las casas, las armen de tal manera que gocen del Norte y Mediodía si fuere posible; y de los solares más a cómodo dejará algunos para propios, donde se edifiquen tiendas para arrendadas a mercaderes que entraren andando el tiempo: Y en esto tendrá curiosidad de adquirir para propios, que es gran descanso para la república, teniendo con qué adornarla y defenderla. Todo lo cual, más o menos, dejo al buen discurso y consideración del caudillo.

Con el engaño suele el enemigo allanar más que con las armas. Ejemplo del engaño que vio Sopiro

Advierta siempre nuestro caudillo al engaño y traición del indio, que con él suelen allanar lo que no pueden con las armas; como Sopiro, soldado de Darlo, que con un notable engaño que hizo a los de Babilonia, entregó a su rey Darlo la ciudad que por fuerza de armas no pudo ser tomada.

Avisos

También advierta, aunque se le alce una provincia, no les tale las comidas, ni queme las casas, porque no se aparten los indios de su población, con que para la guerra tendrá mejores comodidades y para reducirlos mejores medios.

Advierta a que se ejerciten siempre los vecinos y no estén ociosos en las casas y en las labranzas, no olvidando las armas y ejercicio de guerra, que es de importancia, que por estos medios se granjea el esfuerzo. Esto fue ocasión de ser los romanos monarcas del mundo, estorbando vicios y otros daños.

La agricultura es de gran provecho a las Repúblicas

La agricultura es el fundamento de la multiplicación y conservación de las ciudades que se pueblan.

Los romanos. Dicho de la Reina doña Isabel

En esto fueron muy cuidadosos los romanos y la Católica Reina doña Isabel, decía, que para que España fuese abundantísima, convenía darse a los monjes de San Benito, por ser grandes labradores.

Don Dionisio, rey de Portugal
Y don Dionisio, rey de Portugal, llamaba a los labradores miembros de las Repúblicas. En esto debe tener particular cuidado nuestro caudillo en favorecerlo, sabiéndose aprovechar de tierras y aguas, porque el húmedo de ellas hacen grasa y abundante la tierra.

También se mostrará cuidadoso nuestro caudillo en procurar meter oficiales en la República brevemente, porque con ello asegurará la habitación de su pueblo.

Selim, primer emperador de Turquía
Selim, primer emperador de turcos, para ennoblecer y poblar a Constantinopla, trajo de la ciudad de Taures muchos artífices y también de El Cairo.

La industria es de más momento que la agricultura
Buena es la agricultura cultivando la tierra para acrecentar una ciudad; pero la industria es de más momento y estimación y las cosas producidas de ella por manos de artífices, tienen mayor precio. A la agricultura naturaleza da la materia y el sujeto; pero la industria y el arte del hombre da innumerable variedad de cosas: y así se sustenta más gente del arte e industria que de las rentas de la tierra.

Advertencia al caudillo
Advierta nuestro caudillo que en dos cosas consiste en conservar lo que así se poblare, en la quietud y paz de los vecinos. Esta consiste en dos maneras, no teniendo guerras civiles unos con otros y no tratando contra el príncipe conspiración; esto se ataja con dar el caudillo buen ejemplo y teniendo ganada reputación, porque amorosamente guardarán sus preceptos y avisos y buenos consejos y seguirán la virtud; pero conviene que el tal caudillo la premie, para esforzar a los que la siguen y que los demás envidien con mucha razón a los beneméritos, dignos de honrados premios.

Costumbre de los Lacedemonios
Mucho nombre merece quien puebla y conquista y más quien lo conserva y lleva adelante.
Los Lacedemonios, queriendo mostrar que es más el conservar que el adquirir, castigaban al que perdía el escudo en la batalla y no la espada.

La cuenta con que se debe repartir la tierra entre los pobladores

Nadie es tan bueno que no sea de los malos juzgado, y así nuestro caudillo no piense ser en el mandar único y ser de los riesgos exento. Muchos riesgos tendrá en el discurso de sus conquistas; pero sonde poca consideración en comparación de los que juntos se le ofrecerán al tiempo de partir la tierra, porque en este día está en el mayor peligro de sus conquistas, pues vemos la ha de repartir entre los conquistadores que lo han trabajado y sudado: y justamente vemos las obligaciones y cuenta que debe tener, acomodando a cada uno sus méritos y calidad.

También ha de considerar el perjuicio de los naturales; En este día corre todos los riesgos juntos, hoy, aventura su vida, su honra, su hacienda, el tiempo, el trabajo, el servicio del rey y sobre todo el alma, porque si es insapiente, no dudo yo dejará de dar en todos estos inconvenientes o en la mayor parte de ellos: y, pues, para el remedio de todo tiene el dechado de las Reales ordenanzas y el aviso y dechado de esta milicia, sépase valer y gobernar y no duerma y esté vigilante a lo que tanto importa, y no pretenda ignorancia, porque ésta no le salvará de pecado, con que lo aventure todo; y pues a él le va más que a los que de fuera damos preceptos, viva con cuidado, pues lo debe vivir, después de darle parecer e instrucción, escoja lo que mejor le estuviere para efectuar su intento, sirviendo a Dios y a su príncipe.

Y pues está a tiempo de obrar, le convendrá tener particular cuidado después de haber poblado con aplauso de los señores de la tierra. Las estancias que diere para sembrar y criar ganados a los españoles, sean sin perjuicio de los naturales. Y para repartir y encomendar los indios convendrá mucho que antes que lo haga, tenga llana la tierra y muy trillada y hecha la descripción general de los señores que la gobernaban al tiempo que la entraron y por minuta y lista tomados sus nombres sin que se oculte ninguno, y con artificio y regalo hará que den la cuenta de todos sus sujetos y principales: y la descripción (como queda dicho) habrán hecho al correr de la tierra, y que digan unos caciques de otros. Y en el pueblo y ciudad se hará la propia diligencia, y hecha, nuestro caudillo repartirá por provincias, dividiendo y apartando e incluyendo en cada una los señores que cómodamente quedaren dentro de ella, y luego numerará los indios, habiendo numerado los señores que los sujetan, y así juntará toda la suma, y visto el número considerará las granjerías de la tierra, si hay perlas, oro, o piedras de precio, o si se ha de tratar de sola industria, como es hacer ingenios de azúcar, obrajes, ganados, sementeras y otras cosas de menos valor: y con esta consideración repartirá la tierra y señalará los indios, más o menos, conforme los aprovechamientos que hubiere en cada provincia; y hecho este discurso y consideración y que no le sea cosa oculta en la tierra, apuntará y encomendará los indios, por sus pueblos, o caciques, capitanes y principales: o por casas, o por cabezas, o parentelas, o valles, conforme la tierra y su disposición ofreciere: considerando también de los españoles la cantidad y méritos; y así, a unos más y a otros menos, pesando y midiendo el valor de cada uno y la sustancia de los indios, porque en un valle o sitio valdrán más cuatro que en otro ocho.

Mala práctica de caudillos. La fe se debe guardar en todo tiempo
Una cosa practican los caudillos bien falta de razón y conciencia: cosa que no solo escandaliza al que padece y al que por el ojo lo ve; pero aun al que lo oye de muy lejos: y cierto de estos tales quisiera poder ser su confesor, por ver la manera cómo se descargan y cumplen satisfaciendo al tal hecho; y es, que cuando hacen la gente para hacer la conquista, desde el mayor hasta el más chico y humilde, ver las palabras y la fe que les empeñan, el poner por testigo a Dios y a sus santos, de que les dará de comer, poco o mucho, de lo que hubiere en la tierra; con esto el pobre soldado asegurado, dispone su viaje, vende sus alhajas, consumiéndolo en aviarse, y tras esto trabaja el año; los dos o tres, más o menos, que no hay esclavo como él, pasando cada día por un millón de riesgos, hasta en tanto que con su trabajo y sudor de todos se allana la tierra, conquista y puebla; y cuando el desventurado piensa coger el fruto de su trabajo, sale un decreto del caudillo en que señala treinta o cuarenta Guzmanes (más o menos) en quien reparte la tierra, personas que solo han servido de bultos y de escribanías de asiento, y a los soldados sencillos y humildes, que son los que lo han trabajado y los que hacen la conquista, les dicen que perdonen, que no hay en la tierra para poder darles de comer, con toda libertad, sin acordarse de la fe dada, la cual se debería guardar en secreto

y en público, en poblado y despoblado, mirando los testigos que citó y que hay Dios que podría permitir se perdiese todo lo edificado. Pues lo peor es que si estos soldados, visto el agravio que les hacen, se quisiesen salir de la tierra para buscar su vida, no se les da licencia, y si acaso la toman, por verse necesitados y desesperados, van tras ello y al que cogen le ahorcan con un imperio que sino es para Dios no hay otra apelación.

Quisiera yo saber por qué ahorcan estos hombres. ¿Qué paga Real han recibido? ¿Qué hurto han cometido? ¿En qué motín o conspiración se han hallado, y quién es el que absuelve a este tal, que después de haberles hecho un tan notable agravio, haya leyes para quitarles la vida? ¡Bien habrán medrado en la conquista los pobres soldados, bien remediados quedarán sus hijos y mujeres! Diránme a mí que los aviaron para la jornada, a esto respondo: Que van muchos que no reciben avío y el que lo recibe, no es tanto lo que el caudillo le da, que no lleve más de su casa, y lo uno y lo otro lo consume en breve tiempo, sirviendo después en la jornada dos y tres años adelante, donde rasga de sus carnes; ¿qué paga le hacen que pueda igualar o suelde a tal obligación perpetua?

Riesgos que corre un inconsiderado caudillo
Es mala cristiandad y de hombres de mala conciencia, excepto si ya no es que se haya de poblar segundo pueblo, donde los que quedaren sin suerte en el primero, sean empleados en el segundo; pero como esto no sea, el caudillo que tal hace corre todos estos riesgos: Lo primero el de la conciencia, que éste no sé con qué lo puede satisfacer, sino es a peso de dinero; el segundo, el mal nombre y crédito que cobra, que los que salen tan agraviados, de fuerza es que se han de quejar de él con razón tan clara: y si algún día tuviere necesidad de hacer otra gente, hallará muy pocos de estos que le sigan, temerosos del propio daño (que es de discretos escarmentar en cabeza ajena). Lo tercero, si después de salida esta gente, con licencia o sin ella, se alza la tierra, el riesgo que se corre es grande, porque quien ha de hacer la guerra, son los que faltan, por ser gente de trabajo, porque el Guzmán solo sirve de guardar el pueblo, que por la mayor parte no son peones ni sufridores de trabajo, y si algunos hay son pocos, y esos tales se deben estimar en mucho. El cuarto riesgo que

tiene el que sigue este camino de poblar su pueblo de solos Guzmanes y lo despuebla de soldados trabajadores, pierde obedientes soldados y cobra poderosos enemigos que, por mil varios caminos, al cabo descomponen a su gobernador o caudillo: y de estos son muchos los que han padecido este trabajo, por algunos Guzmanes, habiéndolos honrado y dado de comer. No repruebo esto, pero con la consideración dicha, honrando y dando de comer a los humildes.

Rómulo se preció de gente humilde
Rómulo, con gente humilde pobló a Roma, y con ella se conservó, y de ella hizo en aquel tiempo los hombres más valerosos del mundo.

Buen remedio para premiar en la conquista
Para remedio de todos estos inconvenientes y salvar todos estos daños, digo que el caudillo, no habiendo de haber pueblo segundo, a todos dé de comer y en todos reparta lo que la tierra le ofreciere, a unos más y a otros menos, conforme sus cualidades y méritos; y el que pareciéndole poco lo quisiere dejar, componiéndose con otro vecino, lo haga, que de esta manera ni el caudillo encargará su conciencia, ni el que saliere saldrá con verdadera queja, pues cumple con él dándole lo que hay.

Por este camino se vienen a reducir los vecinos bastantes y a sustentar el pueblo y queda en él de toda gente: y el que sale con la composición que ha hecho con su vecino, sale con algún remedio y no desesperado, ni desacredita al caudillo.

Advertimiento
Con esta consideración y cuenta, haga su apuntamiento, en el cual, después de hecho el auto general, nombrará los términos (ampliándolos) y sus provincias, caciques y señores, con protestación que si en algún día más parecieren dentro de los términos y límites, los apuntará de nuevo a las personas más beneméritas. Y luego por sus capítulos comenzará su apuntamiento, poniendo primero (ante todas cosas) en la corona Real, el pueblo o cacique de más consideración y sustancia de la tierra, encar-

gando la administración a los oficiales Reales; y no habiéndolos, nombrará administrador para ellos. Esto se entiende, dando a ello lugar la tierra.

Advertencia
Y luego tomará para sí el caudillo conforme a la comodidad que hubiere; luego entrarán los alcaldes y gente más benemérita, a unos más y a otros menos, que esto se deja a su elección, con advertencia que reparta la tierra en dos suertes, primera y segunda; y la primera que se incluya dentro de un círculo, que lo más distante es del pueblo seis leguas, y la segunda de ahí adelante hasta el remate y límite.

Aviso
Y séale aviso que en la primera suerte quepan todos los vecinos y en la segunda también, porque con la primera se ha de sustentar el pueblo y a la segunda han de sustentar todos los vecinos, por cuanto la han de trillar y atravesar en cuadrillas, que uno ni dos no lo podrán hacer en tierra nueva, porque se los comerán los indios; y para ello, juntos los vecinos de cada provincia, la correrán sin riesgo, y así importa participen todos del riesgo y trabajo, para más seguridad.

El vecino cumpla con el feudo. Al indio se le debe la doctrina.
El indio debe el tributo en razón del vasallaje y administración.
Ejemplo de lo que sucedió a los primeros conquistadores
El apuntamiento hará el caudillo por tres vidas o por dos, conforme a las ordenanzas Reales, obligando a los vecinos a tener sus armas y caballos y arcabuces, o como más conviniere a la tierra, sus casas pobladas, y el que saliere por algún tiempo por causas justas, deje escudero en su nombre, y a que haga buen tratamiento a los indios, sin cargarlos ni molestarlos encargándoles en esto la conciencia y descargando la de la Majestad Real, y con carga de que han de dar doctrina a sus encomendados, administrándolos como sus administradores que son; y a los indios obligara en recompensa de esto y en reconocimiento que deben al Rey, a que acudan sus tributos y aprovechamientos en que fueren tasados, lo cual debe nuestro caudillo dárselo a entender con lenguas, de lo que han de estar obligados

en reconocimiento del vasallaje Real y doctrina que sus administradores les darán, y defensa que les harán cuando se les ofrezca, y curándolos de sus enfermedades e instruyéndolos en toda buena policía y orden de vivir: los cuales tendrán cuidado a que anden vestidos y que sean granjeros y hagan con cuidado sus comidas y sementeras y tengan sus casas pobladas y limpias y en sitios sanos y a que duerman en alto, como en barbacoas, quitándoles el dormir en el suelo como usan, y reduciéndolos con caricias al gremio de la Santa Madre Iglesia (ante todas cosas) para que reciban el agua del Santo Bautismo, ellos y sus mujeres e hijos, no consintiendo que ningún español les haga mal ni les quite la mujer o hijo, ni les toque a sus labranzas, casas o haciendas, porque demás que en ello se desirve a Dios grandemente y se desirve al rey, resulta de ello muertes, alzamientos, perderse el pueblo con muertes y daños de todos, como sucedió a los primeros pobladores que dejó Colón en Santo Domingo y como sucede cada día en otras muchas partes, causado de la mala consideración de los soldados y poco cuidado de los caudillos.

Declare en este apuntamiento, conforme a la calidad de la tierra, si los indios de una encomienda casaren con indios de otra, cuál debe tirar los hijos y de qué edad se deben sacar para el tributo o reservar de él y si ha de haber restitución de las tales indias que se sacaren fuera de su encomienda y originario, con otras tales.

Advertencias
Declarará también las encomiendas y apuntamientos, haberse de entender ser y pasar al tiempo que se hallaron, así indios como señores, como de los españoles, les tomó la voz sin dar lugar a que haya pleitos sobre si fueron señores de atrás, por tiranía, o por señores naturales, o si fue del indio otro originario de donde se hallaron al tiempo y razón: y las tales encomiendas o apuntamientos se hagan con aguas, pescas y montes, dehesas y tierras, cómo y de la misma forma que los tales indios de la encomienda lo poseyeron porque con esto se atajan debates y diferencias. También se señalará ejido para el ganado que se hubiere metido y metiere adelante, el cual sea grande y anchuroso, porque si el pueblo fuere en crecimiento haya para todo.

Hará por declaración los pastos y abrevaderos comunes y repartirá estancias y caballerías de tierra, y hará merced de ellas en nombre de Su Majestad y en virtud de sus poderes; las cuales serán con medida, para cuyo efecto en el cabildo habrá ordenanzas hechas de los pasos que tendrá la estancia de ganado mayor y cuántos tendrá la del menor, y qué pasos la del pan coger, en las cuales obligará a que siembren luego, cada uno en la suya y a que vayan metiendo los ganados convenientes a la tierra para que multipliquen y la tierra esté bastecida y no pasen necesidad.

También tendrá curiosidad en que los vecinos vayan haciendo sus huertas, de las cuales hará merced y que siembren todas las más semillas y legumbres que fuere posible.

Y advierta, si se hubiere poblado en montaña, a quien la abra y derribe y roce una legua en círculo, por lo que importa a la salud, para que los aires la bañen y por lo que importa a hacer ejido, y mientras más breve mejor; y cuando al nuestro caudillo pareciere estar la tierra con asiento, tendrá particular cuidado de enviar por religiosos, para repartir las doctrinas. Y obligará nuestro caudillo a todos los encomenderos a que en sus pueblos y encomiendas hagan sus iglesias y las prevengan de ornatos, imágenes y ornamentos, y a que acudan a los tales religiosos con sus estipendios y a que tengan particular cuidado, si fuere posible y la tierra fuere acomodada, a que se pueblen los indios en república y a que no los saquen ni consientan sacar de su natural para otras tierras por el riesgo que corren. Y si hubiere minas en la tierra, se poblarán y repartirán por ordenanzas que en el cabildo se habrán hecho para el efecto, las cuales se confirmarán, advirtiendo se han de tomar minas para el rey, dándoles su administrador, y obligará a todos los mineros que las labren, por lo que importa a acrecentar los quintos reales y para cerrar esta repartición y apuntamiento, lo enviará a confirmar al gobernador o audiencia, a quien por cuyos poderes hubiere entrado, guardando el secreto de él, no divulgándose hasta en tanto que haya vuelto la tal confirmación, depositando en el entretanto los indios en los vecinos como mejor le pareciere convenir, para que cada uno acuda a lo que estuviere obligado, pues para cumplir tendrá necesidad de ello.

Adviértase que, aunque por las ordenanzas reales, los caudillos generales puedan tornar para sí la cuarta parte de la tierra, no lo hagan por excusar inconvenientes y disensiones que de hacerlo así se podrían engendrar, y es Cierto que quien mucho quiere abarcar aprieta poco. El más alto género de gobernar, es ser pródigo de obras con los suyos y escaso de palabras y poco codicioso.

Esto hace el caudillo diestro, y créame, que para todo buen suceso le vale más que a otros poderosos ejércitos.

El buen tratamiento que se le debe al indio

El vasallo nuevamente conquistado es bien reciba beneficio

Hemos tratado bastantemente de los naturales de las Indias y de sus conquistas; con todo nos será fuerza tratar en este capítulo del buen tratamiento que se les debe y en qué consiste, pues hasta ahora hemos dicho solo de lo que nos importa, justo será se trate de él, pues demás de que en justa justicia se les debe la caridad, la ley natural nos obliga; y esta obligación debe resplandecer más en el príncipe, por ser sus vasallos; y el caudillo y justicias han de tomar esta causa con veras porque les incumbe; porque con ellos se descarga la real conciencia y así, en su nombre, deben interesar los vasallos nuevamente conquistados y en su dominio y gobierno puestos, porque el vasallo conquistado que no recibe beneficio por el vasallaje que ha dado, será como un árbol mal arraigado, que cualquier viento le derriba, y corre este riesgo, porque viendo la ocasión, tienden sus gallardetes, quebrando la paz dada, confederándose con el enemigo contra los nuestros; y cuando no lo hagan por algunas causas, serán neutrales y seguirán al vencedor (que como dicen, viva quien vence), por ser gente tan novelera y que más fácil y ligeramente se mueve que otra nación ninguna.

Por qué perdió el francés a Sicilia

Por esta causa perdió el francés a Sicilia en tan breve tiempo, y el estado de Milán y reino de Nápoles, por no tener modo de obligar los pueblos, haciéndolos interesados, a cuya causa en su favor no tomaron armas, conociendo que no les era de más importancia estar debajo de su amparo que del español o de otro.

Los milaneses. Los ingleses

Lo mismo aconteció a los duques de Milán, perder el dominio de Génova. Y los ingleses los grandes estados que tuvieron, por no saber granjear las voluntades ni gobernarlos de manera que tuviesen intereses: y bien pueden ser obligados de tal forma, que les convenga vivir debajo del amparo real y sus administradores, cuando se ofrezca tomar las armas en favor y ayuda nuestra, lo hagan; y medios puede haber con que les ganemos el amor y reputación. Lo primero gobernarlos en paz y en justicia y el caudillo se la guardará de tal manera, que cuando ellos la quiebren y la fe dada, haya justificación para el castigo que se les hubiere de hacer, haciéndoles cargo, sustanciándoles las causas y criándoles defensor, porque no solo ha de dar cuenta de ello al rey, que podría tener medios para salvarse de culpa, pero la ha de dar a Dios más estrecha, que es justo juez.

El caudillo se mueve con justificación al castigo
Así el caudillo no le ha de mover ira, ni ambición, solo le mueva justicia y defensa de la religión y conservación del pueblo cristiano, con esto le ayudará Dios; y si el indio se alzó sin darle ocasión, con pocos medios será reducido, y cuando haya castigo, sea más piadoso que riguroso, considerando la acogida que nos dio en su tierra, con otros justos respetos.

César siempre convidaba con la paz
Bien conozco que son de tal calidad y naturaleza, que pide su conservación más rigurosidad que otra cosa, pero haya de todo a tiempos conocidos, cuando la hiciere fuera de razón se le muestre, pero siempre un ángel que detenga el golpe de la espada, que con esto y con tratarlos bien y hacerles buenas obras en que sean interesados, se conservarán en la servidumbre y paz, con la cual se ha de estar siempre convidando, aunque sea la guerra justa: lo cual guardó bien César en la guerra civil, porque por más encendida que estuviese, siempre convidaba con la paz, y aunque deseaba la guerra, con esto la justificaba y encendía más a los suyos el deseo de venganza. Son medios con que se obliga al enemigo, aunque se les esté quitando la vida.

Nerón ganaba las voluntades de todos
Nerón, en el principio de su imperio, ganó las voluntades y amor de todos con fingir clemencia, como la fingió un día llevándole a firmar una sentencia de uno que estaba condenado a muerte, diciendo que él holgara no saber escribir.

El hacer interesado al indio, asegura la paz
Palabras son que obligan a los vasallos y aficionan a los enemigos. El hacerlos interesados para obligarlos más a los naturales, se puede hacer por muchos caminos, metiéndolos en granjerías de cosas que en sus labranzas y casas tienen y crían, que por ser gente bárbara se les pierde todo, haciéndoselas beneficiar y criar, y estas que las lleven todos los mercados al pueblo, para cuyo efecto estará señalado por la justicia y regimiento un día en la semana, donde toda la tierra se junte de su voluntad. De esto se sacan dos frutos: lo uno se favorece y bastece el pueblo; lo otro interesa el indio y se comunica con los nuestros, teniendo el caudillo puesta orden y con grandes penas al soldado o vecino no entren en el mercado, ni sus mozos españoles, mulatos y negros, más de tan solamente indias o indios del servicio, para que el natural venda y rescate con libertad, andando encima siempre la justicia para que no se les haga agravio, que como esto se haga a los principios, cebados en el interés y provecho, acudirá toda la tierra cada mercado, porque de allí llevan el sombrero, las cuentas, la sal, la carne, el oro, y entre los mismos indios naturales luego se contratan, trocando cada uno las cosas de su tierra, y así andan contentos y tienen mejor para dar su tributo.

Modos de interesar a los indios
También hace interesado al indio las dádivas de su encomendero, cosas de vestir, cuentas y sal, que siempre carecen de ella, y cuando haya ganados en la tierra, darles a los caciques algunas cabezas para que críen y algunas yeguas en que anden y a los indios hacerles criar la gallina y el puerco.

También hace interesados los indios, en habiendo hatos de los ganados dichos, a los principios usar de largueza con ellos, dejándolos gozar del queso y carne, proveyendo siempre de ella a los caciques; y donde hubiere ingenios de azúcar, dejarlos gustar del guarapo que se hace de la miel, que no hay liga para ellos que así pegue, y haciendo que siembren los indios y caciques en sus labranzas cañas dulces para su regalo y de las demás legumbres de los españoles. También los hace interesados las minas de oro, plata, esmeraldas o perlas, no espantándose el encomendero que escondan algo, pues después se lo puede coger con bien poco, que aquella es su cacona y rescate, dándole el sombrero basto por ello, la manta, o camiseta, cuentas, peines, agujas y cosas de comer y otras de más y menos valor, con que andan contentos y están seguros y sirven al doble.

También les hace interesados cuando el encomendero enviare su encomendado fuera de su casa que haya de estar un día o dos o más, cuando venga lo regale y pague con algunas cosas que ellos estiman, que son de poco valor, para su mujer e hijos.

También los hace interesados tratarlos amorosamente, y si en esto considerásemos cuál de los dos es más interesado, hallaremos que lo es el encomendero que, mediante tenerlos contentos, tiene tierras, casa, hacienda y autoridad y descanso. También los hace interesados el no quitarles el hijo o la hija por fuerza, que aunque es verdad que importa a la conservación de la tierra tenerlos entre los españoles para que se aquerencien y tomen amor y aprendan la lengua española, que ésta, si fuere posible, es bien no solo se entable entre los domésticos de casa, pero en general en toda la tierra, y particularmente entre los caciques; pero el tomar por este respeto los hijos, sea con la voluntad de los padres, teniéndolos gratos y acariciados, para que con amor los den; y los huérfanos, que los hay muchos entre ellos, a los cuales unos y otros con cuidado les enseñarán la doctrina cristiana y todas las buenas costumbres que ser pudiere, y aún dejarlos ejercitar y holgar con los ladinos del servicio.

Harán interesados a los caciques, hacerlos obedecer y respetar a sus súbditos y castigarlos sobre ello, porque con esto toman mucho amor al encomendero.

Serán interesados los caciques con buenos medios y ofrecimientos a los que anduvieren retirados, y que vuelvan a sus poblaciones, casas y labranzas, sin consentir se les entrometan otros indios en ellas.

Advertencia. Importa mucho cumplir lo prometido al indio. Con facilidad se rendían a Norandino viendo el buen tratamiento que hacía a los rendidos

Y advierta el caudillo que delante de ningunos indios que le llegaren a hablar de los de paz, siempre hable bien de los retirados, dando a entender que si se vienen a sus poblaciones y a servir, que serán bien recibidos y no se les hará daño; y que si no vienen serán perseguidos y que se darán sus casas y labranzas a, otros indios, y que no se ha hecho por esperarlos; porque muchas veces vienen encubiertos entre los indios de paz a solo oler el corazón que tienen los cristianos y caudillo, y si lo hallan malo se retiran y si bueno se aseguran y vuelven, porque también se cansan de andar, huyendo por los arcabucos, muriéndose de hambre y enfermedades, con que echan menos sus casas, comidas y labranzas, y viniendo, importará mucho guardarles lo prometido, porque no hay cosa que más altere al indio conquistado, que quebrarle las condiciones y palabras y no cumplírselas, con las cuales se han sujetado al dominio y vasallaje: y sobre todo, no trabajarlos demasiadamente, porque ninguna cosa aprovechó más a Norandino, rey de Damasco, que guardar la palabra, juntamente con que no trabajaba demasiado a los que se le rendían, y viendo que guardaba lo que prometía, fácilmente se le daban.

Premio de pobladores

El premio que se debe a quien bien sirve
Porque hemos hablado hasta ahora en esta milicia de los muchos trabajos, riesgos y gastos que los caudillos pasan y tienen en ella y los soldados que la siguen, no será fuerza de propósito decir lo mucho que aprovecha el premio del príncipe para animar a sus conquistadores y pobladores. Y aunque es verdad que los príncipes más quieren ser servidos que aconsejados, pero como el consejo sea servicio suyo y el intento y celo lo manifieste, debe ser bien recibido y agradecido, como lo ha sido siempre de los Católicos Reyes de España. Pues siendo así que mi celo es bueno y de leal vasallo, que conocidamente siempre he servido a la Real Corona, diré lo mucho que se debe a los descubridores y pobladores de las Indias, y cómo son méritos de grandes y señaladas mercedes, pues han adquirido para su príncipe, con el valor de sus espadas, tan insignes reinos como los que están descubiertos, conquistados y poblados, con tantas riquezas, dejando para hacer estos servicios el amor de sus patrias, gastando sus patrimonios y haciendas, aventurando sus vidas con innumerables trabajos.

Si se gratifica al benemérito se levanta la virtud
Si estos servicios se gratifican, manifiesta cosa es se levanta la virtud y florece el valor, por lo que todos desean su reputación y comodidad; pero como esto falte, la procuran por los medios que conocen valer más con el príncipe y sus gobernadores, que si no son de valor se hace agravio a la virtud; y los valerosos viendo hacer cuenta de los indignos, suelen descuidarse.

Gratificación
El remedio para esto es que se distribuyan los cargos y cosas de gracia en personas beneméritas, porque es gran lástima lo que usan algunos de los que gobiernan en aquellas partes, que si pusiesen el blanco en solo servicios y en sí son capaces andaría la cosa buena, porque estos tales sirven a su príncipe con las obras de sus manos, y la gente indigna de la

merced que se les hace, sirven con la lisonja de sus lenguas; la una obra engrandece el ánimo del príncipe y la otra lo estraga, de que nace en la República murmuraciones.

Mucho importa que el soldado sirva de gana
Mucho importará que en las jornadas de las Indias los soldados sirvan de buena gana, porque doblan la fuerza al trabajo y los que están a la mira se animan para las mismas ocasiones, deseosos de alcanzar premios honrados, escapando de la jornada.

Ejemplo de Julio César
Julio César, por ser tan generoso, alcanzó con sus soldados tantas victorias. Los príncipes por lo que dan son amados y por la potencia son temidos, que al cabo no los siguen por buena condición que tengan, sino por pensar que son dadivosos. Todos han de servir al príncipe de voluntad y él use de liberalidad con todos.

Premio de los antiguos
Los antiguos usaron de premios de honra y provecho, como fueron coronas y cadenas de oro, ventajas de paga, pasar de un cargo a otro mayor. Esto tiene más sustancia para acrecentar el valor.

Premio de los romanos
De esto usaban los romanos con mucha cuenta y justicia, porque los grados militares se daban a quien mejor los merecía.

El soldado es defensa del reino. Favorécese poco al soldado
El soldado es el que nos sustenta en la paz y en honra y vida y es a quien debemos estas tres cosas, de los que sirven nuestra España, porque si nos faltasen, el enemigo se nos entraría por la posta por un millón de caminos, en toda parte, como se ha visto donde ha habido falta de ellos, perturbándonos la paz en que vivimos, la honra en que nos sustentamos, la vida que poseemos por la permisión divina y es a quien menos se favorece, honra y gratifica: y si no es el soldado no hay (a lo que pienso) nadie abatido ni

corrido como lo andan hoy en aquellas partes y muchos de los conquistadores, hijos y nietos, tan pobres y arrasados que es lástima y de aquí nace haber pocos que se animen a nuevas conquistas y descubrimientos, que no las deja de haber de importancia. ¿Cuánto mejor se les debe a estos tales el ayuda de costa y otras mercedes por los gobernadores, en nombre de la Real Majestad, pues lo tiene puesto en sus manos, que no al inmérito?

Alejandro Magno honró a sus soldados en vida y muerte
Pues si de los vivos vemos tanto olvido, de los muertos qué memorias hallaremos, como las hacía Alejandro Magno con estatuas, a los que murieron en la batalla de Rusianico: y pues hacía este honor a los muertos, de creer es premió bien a los vivos, honrándoles y dándoles lo que merecían.

En Atenas cantaban alabanzas a los soldados
Este honor mismo daban en la ciudad de Atenas, donde cantaban alabanzas a los que murieron en la batalla de Maratonia.

Licurgo fue muy cuidadoso en honrar soldados
Licurgo nunca quiso que se ejercitasen sus ciudadanos en la elocuencia, sino para alabar a los que morían valerosamente por la patria.

Roma honró y premió a sus soldados
Y en Roma se hacían sepulcros a costa del público para los que morían en su servicio y fueron valerosos; y el primero que se hizo fue a Valerio Publicola, y no se permitía poner títulos en ellos, sino a los que morían peleando. De estos mueren en las conquistas de las Indias muchos a manos de aquellos bárbaros y si los cogen vivos los matan con un millón de géneros de tormentos, y si comen carne humana, vivos los ponen a asar.

Crueldad de indios
Y ha acontecido estar vivos y amarrados a un palo y el indio cortándoles las carnes y poniéndolas a asar, comiéndolas delante de ellos. Otros mueren ahogados desastradamente. Otros mueren de hambre por los

desiertos y despoblados, sin tener quién les dé sepultura, comiéndoselos las auras o gallinazos, y otros de enfermedades, muchas leguas desviados de poblaciones cristianas de donde puedan tener algún socorro y remedio, quedándose por los pantanos y arcabucos sin confesión.

Todos esto padecen en servicio de su príncipe, como es razón que así lo hagan, con esperanza del premio que merecen, pues si escapan de estos riesgos, cuando vuelven vienen enfermos, pobres, y muchos heridos, mancos o estropeados: y con ver el que gobierna este espectáculo, ninguna merced les hace, y menos a las mujeres e hijos de los que allá mueren, ni se acuerdan de ellas.

Esto tiene necesidad de gran remedio y cuidado para enmendarlo y los gobernadores en premiarlos si quieren sacar buen nombre, cumpliendo con lo que es el servicio de Dios y del rey.

Alabanzas de romanos a los soldados
Los romanos, acabadas las batallas que daban, solían los capitanes y cónsules alabar en presencia del ejército los que más valerosamente habían peleado, premiándolos. Escipión, cuando tomó a Cartago, lo hizo. Y también hacían estatuas en honor de los vivos y se daban coronas por cosas señaladas que se hacían. Como se deberá premiar a los caudillos si han hecho el deber y derechamente son electos con cuenta y cuidado, como queda largamente dicho.

Los romanos elegían siempre soldados robustos
Los romanos nunca encomendaron sus causas a mancebos galanes, sino a los robustos y de experiencia; y así, cuando Furio Camilo estaba aborrecido y desterrado, fue llamado en las necesidades y hecho dictador. Así se han de haber con el buen caudillo, llamándolo, por muy lejos que esté, para servirse de él, teniendo las partes necesarias y teniendo cuenta con premiarle, pues se le debe más que a otra persona el buen suceso por su trabajo, industria, práctica y gasto; pues quien arriesga la vida, su honra y hacienda y su descanso, bien merece el premio, pues todo lo aventura por servir a su príncipe porque le premie y honre, sin permitir que estén en esta corte consumiéndose y muriéndose de hambre tras el premio, de

que ha resultado a muchos la muerte al cabo de tantos trabajos y de haber desamparado mujer e hijos.

Premio de Escipión
Escipión, queriendo dar la corona mural al que subió primero en los muros de Cartago, cuando se tomó, nació gran discordia entre los soldados de mar y tierra, con tanta porfía, que le fue forzoso dar dos, una a Quinto Trebecio, soldado de tierra, y otra a Digitio, soldado de mar.

Diferencia por un premio
La misma diferencia sucedió por otro premio entre soldados españoles e italianos en la presa de Dura.

No por falta de valedores se deje de premiar la virtud
Estos premios que consisten en honra, es bien se den para alentar la milicia, como son hábitos, con otros premios, y que no por falta de valedores quede la virtud sin premio, que por no ser premiada dan muchos en ociosidades, olvidando el fundamento de las armas.

Consideración que el caudillo debe hacer
Y despidiéndome del intento del libro y de nuestro caudillo, le encargo la consideración de cuatro cosas para la obra que tomare entre manos: la facilidad con que la dispondrá, la presteza con que la debe ejecutar, el provecho que se puede adquirir, la hacienda y sangre que puede costar, procurando siempre ante todas cosas, causa justa.

Libros a la carta
A la carta es un servicio especializado para
empresas,
librerías,
bibliotecas,
editoriales
y centros de enseñanza;
y permite confeccionar libros que, por su formato y concepción, sirven a los propósitos más específicos de estas instituciones.

Las empresas nos encargan ediciones personalizadas para marketing editorial o para regalos institucionales. Y los interesados solicitan, a título personal, ediciones antiguas, o no disponibles en el mercado; y las acompañan con notas y comentarios críticos.

Las ediciones tienen como apoyo un libro de estilo con todo tipo de referencias sobre los criterios de tratamiento tipográfico aplicados a nuestros libros que puede ser consultado en Linkgua-ediciones.com.

Linkgua edita por encargo diferentes versiones de una misma obra con distintos tratamientos ortotipográficos (actualizaciones de carácter divulgativo de un clásico, o versiones estrictamente fieles a la edición original de referencia).

Este servicio de ediciones a la carta le permitirá, si usted se dedica a la enseñanza, tener una forma de hacer pública su interpretación de un texto y, sobre una versión digitalizada «base», usted podrá introducir interpretaciones del texto fuente. Es un tópico que los profesores denuncien en clase los desmanes de una edición, o vayan comentando errores de interpretación de un texto y esta es una solución útil a esa necesidad del mundo académico.

Asimismo publicamos de manera sistemática, en un mismo catálogo, tesis doctorales y actas de congresos académicos, que son distribuidas a través de nuestra Web.

El servicio de «libros a la carta» funciona de dos formas.

1. Tenemos un fondo de libros digitalizados que usted puede personalizar en tiradas de al menos cinco ejemplares. Estas personalizaciones pueden ser de todo tipo: añadir notas de clase para uso de un grupo de

estudiantes, introducir logos corporativos para uso con fines de marketing empresarial, etc. etc.

2. Buscamos libros descatalogados de otras editoriales y los reeditamos en tiradas cortas a petición de un cliente.

www.ingramcontent.com/pod-product-compliance
Lightning Source LLC
LaVergne TN
LVHW041333080426
835512LV00006B/440